CW01217988

ADAPTOVANÁ ČESKÁ PRÓZA

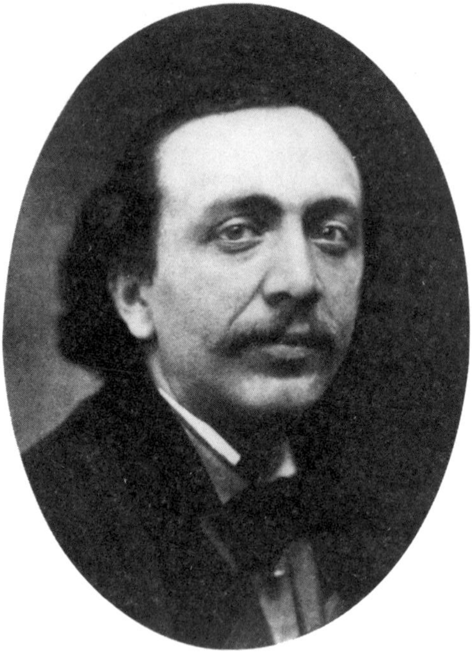

Jan Neruda
Povídky malostranské

Adaptovala Lída Holá

Adaptovaná česká próza
B1

Upozornění:
Toto dílo, včetně všech svých částí, je opatřeno výhradou autorských práv a je chráněno zákonem. Jiné než zákonem předepsané užití je trestné – jde především o přísný zákaz dalšího rozmnožování bez písemného souhlasu nakladatele. Jednotlivé součásti kompletu jsou samostatně neprodejné.

No part of this publication may be reprinted, reproduced or distributed in any form or by any means, or stored in a data base retrieval system without prior written permission of the publisher.

Překlady slovníčků: Melvyn Clarke (anglická verze); Christinne Antoňová (německá verze); Veronika Novoselová (ruská verze)
Jazyková redakce slovníčku: Jiří Pešička
Grafická úprava a sazba: Olga Fischerová

© Adaptation Lída Holá, 2012
© Graphic & Cover Design Olga Fischerová, 2012
© Illustrations Eva Sýkorová Pekárková, 2012
© Archivní fotografie – Muzeum hlavního města Prahy, 2012
All images all rights reserved!
©, ℗ Filip Tomáš – Akropolis, 2012

Bezplatná CD příloha byla nahrána ve studiu Švandova divadla – Martin Hejl, ClownTown.
Na CD účinkuje: Marta Hrachovinová
Post-production & mastering CD Tomáš Karásek, 2012

Vydal Filip Tomáš – Akropolis
Severozápadní IV 16/433, 141 00 Praha 41
www.akropolis.info
v roce 2012 jako svoji 200. publikaci

1. vydání (2012), 100 stran
Tisk: Těšínské papírny, s. r. o., Bezručova 212/17, 737 01 Český Těšín

Bližší informace: www.czechstepbystep.cz

ISBN 978-80-87481-60-8

O autorovi

Jan Neruda
(1834–1891)

Jan Neruda se narodil 9. července 1834 v domě U Dvou slunců v Ostruhové ulici na Malé Straně. Tato ulice po něm byla později pojmenovaná a dnes se jmenuje Nerudova. Můžete tam vidět i dům U Dvou slunců s pamětní deskou, která připomíná místo autorova narození. Jan Neruda se nikdy neoženil, přestože měl několik velkých lásek, a prožil celý život v Praze. Rád cestoval po Evropě a byl i na Blízkém Východě. Zemřel 22. srpna 1891.

Neruda pracoval jako redaktor a proslavil se svými populárními a vtipnými fejetony. Jeho literární dílo je bohaté. Psal divadelní hry a literární a divadelní kritiky. Mimo jiné založil časopis Květy, který vychází ještě dnes. Psal básně, například sbírky básní Písně kosmické a Balady a romance. Jeho nejznámější prozaické dílo jsou Povídky malostranské.

Šest z těchto povídek jsme vybrali a přinášíme je v adaptované formě v této knize. První z nich, povídka U Tří lilií, přitahuje čtenáře romantickým konfliktem mezi životem a smrtí, etikou a erotikou. Ostatní povídky zobrazují rázovité figurky malebné Malé Strany v Praze. Nejsou to však pouhé žánrové obrázky. Díky své jemné ironii a psychologické věrnosti jsou pokládány za opravdové klenoty české literatury.

adaptovaná česká próza

U Tří lilií

Myslím, že jsem tenkrát šílel.

Byla teplá, ale tmavá letní noc. Na nebi se sbíraly těžké černé mraky, pak se přihnal vítr a začala prudká bouřka. Byl jsem v hospodě U Tří lilií. Byla neděle a v salónku se tancovalo. Seděl jsem sám u okna, chvíli jsem se díval na veselé tančící páry a chvíli do tmavé zahrady za oknem. Ve světle blesku jsem občas uviděl blízký malý hřbitov. Hroby byly otevřené, protože hřbitov rušili. U zahradní zdi ležely bílé lidské kosti.

Mezi tančícími jsem uviděl krásnou, asi osmnáctiletou dívku. Byla štíhlá, měla plné formy, volné černé vlasy, hladký obličej a světlé oči – krásná dívka! Nejvíc se mi líbily její oči. Byly jasné jako voda a stejně tak tajemné. Tančila skoro pořád, ale dobře viděla, že se na ni dívám. Při tanci s nikým nemluvila, ale vždycky, když mě míjela, zadívala se upřeně na mě.

Najednou vběhla do sálu jiná dívka, udýchaná a celá mokrá. Přiběhla ke krásnooké. Něco jí šeptala a krásnooká mlčky kývla hlavou. Když hudba dohrála, krásná dívka se oblékla a zmizela venku ve tmě.

Bouřka začala znovu – vítr hučel s novou silou a blesky létaly. Myslel jsem pořád na tu krásnou dívku, na její zázračné oči. Asi po čtvrthodině jsem se podíval ke dveřím. Dívka už byla zpátky a upravovala si mokré šaty a vlasy. Pomáhala jí nějaká starší kamarádka.

„Proč jsi šla v tom strašném počasí domů?" zeptala se jí.

„Přišla pro mě sestra."

Poprvé jsem uslyšel její hlas. Byl měkký jako samet.

„Stalo se něco doma?"

CD 2 | Povídky malostranské 7

„Matka zrovna umřela."

Zachvěl jsem se.

Dívka se otočila ke mně. Vzal jsem ji za ruku, byla tak měkká. Mlčky jsem ji vedl ven pod arkády.

Bouřka vrcholila. Nebe i země ječely, nad hlavou se nám válely hromy, kolem nás jako by mrtví řvali z hrobů.

Přitiskla se ke mně. Cítil jsem, jak se mi k prsům lepí její mokré šaty, cítil její měkké tělo, teplý dech – jako bych z ní musel vypít tu zlotřilou duši!

Pan Ryšánek a pan Schlegl

Všichni moji čtenáři nejspíš znají malostranský hostinec U Štajniců. Je to jedna z nejlepších malostranských restaurací. Chodí tam úředníci, profesoři, důstojníci a také pár penzistů a starých domácích pánů.

Každý den, vždycky od šesti do osmi, tam u třetího stolu u okna sedí dva vážení páni, pan Ryšánek a pan Schlegl. Přicházejí každý den už celých jedenáct let – a jedenáct let na sebe nepromluví ani slovo, jedenáct let si jeden druhého nevšimne.

Nepřátelství mezi nimi je staré a nesmiřitelné a na Malé Straně o něm všichni vědí. Vědí také o tom, jaká je jeho příčina. Je to ženská. Milovali ji oba. Nejdřív lidé mysleli, že si vezme pana Ryšánka, ale pak – a nikdo neví proč – dala přednost

CD 3 | Povídky malostranské

adaptovaná česká próza

panu Schleglovi. Snad proto, že byl pan Schlegl o deset let mladší. Stala se paní Schleglovou. Kdoví, jestli byla paní Schleglová tak krásná, že se kvůli ní pan Ryšánek už nikdy neoženil. A už se to nikdo nedoví. Zemřela po prvním porodu a nechala po sobě dcerku, která byla jako její věrný obrázek.

Opravdu nevím, proč sedí oba pánové u jednoho stolu. Snad si tak poprvé sedli náhodou, a protože byli oba pyšní, nechtěl ani jeden odejít. Podruhé si tak sedli asi ze vzdoru. Pak už to byla otázka cti, aby tak seděli dál.

Jednou ve středu před Velikonocemi přišel pan Schlegl a objednal si jako obvykle pivo. Když mu ho hostinský přinesl, řekl: „Dneska asi pana Ryšánka neuvidíme."

Pan Schlegl se díval před sebe a mlčel.

„Říkal pan doktor," pokračoval vážně hostinský, „že dostal zápal plic. To víte, starý člověk. No, musíme doufat, že to bude lepší."

Pan Schlegl neodpověděl.

Později večer se však choval jinak než obvykle. Víc se smál, hlasitěji mluvil, častěji přecházel po místnosti. Vypil čtyři piva místo obvyklých tří a odešel o půl hodiny později. Viděl jsem, že je rád, že nemá soucit s nemocným nepřítelem. Je to zlý člověk, opravdu zlý, říkal jsem si.

Minuly dny, minuly týdny a přišlo jaro. Když je krásný květen, je na Malé Straně ráj. Pan Ryšánek se pomalu uzdravoval. Začal jsem ho potkávat na procházkách v petřínských zahradách. Chodil pomalu, hubený a bledý. Ke Štajnicům nechodil. Pan Schlegl tam seděl u stolu u okna sám jako král.

Konečně jednou koncem června jsem zase uviděl pana Ryšánka a pana Schlegla u jednoho stolu. Sousedi a známí přicházeli a podávali panu Ryšánkovi ruku. Každý ho upřímně vítal. Starý pán se usmíval, byl dojatý. Pan Schlegl se díval na biliár a kouřil.

| Povídky malostranské 11

Po chvíli jeho pohled sklouzl na pana Ryšánka, na jeho bledý obličej, hubené ruce, špičatá kolena… Ale už se zase obrátil a díval se jinam.

„Tak, jak se daří, pane Ryšánek?" zastavil se u jejich stolu hostinský. „Zase zdravý a zase náš – zaplať Pánbůh! Ale vidím, že nekouříte. Ještě žádná chuť na tabáček?"

„Dneska mám poprvé chuť. Zakouřím si," usmál se pan Ryšánek a začal hledat svůj sáček s tabákem. Ale nemohl ho najít. „Víš, kde bydlím?" zavolal na kluka, který v hostinci pomáhal. „Jdi a přines mi sáček s tabákem. Leží tam na stole."

Vtom se pan Schlegl pomalu obrátil. Natáhl ruku a podával svůj sáček s tabákem. „Prosím, vezměte si," řekl úsečně.

Pan Ryšánek neodpovídal. Díval se před sebe a mlčel, jako celých těch jedenáct let. Otevřel ústa, ale nepromluvil.

To už byl ale kluk s tabákem zpátky.

„Děkuju, už mám svůj," poděkoval teprve teď pan Ryšánek, ale na pana Schlegla se nepodíval. „Kouřím stejný jako vy," dodal po chvíli, jako by cítil, že musí něco říct.

Začal kouřit.

„Chutná?" zeptal se pan Schlegl. Měl drsný hlas.

„Chutná, zaplať Pánbůh!"

„No, zaplať Pánbůh," opakoval pan Schlegl. Pak dodal: „Už jsme se tu o vás báli."

Pak teprve obrátil pan Ryšánek pomalu hlavu k němu. Jejich oči se setkaly.

Od té doby spolu pan Ryšánek a pan Schlegl u třetího stolu u okna mluvili.

adaptovaná česká próza

O měkkém srdci paní Rusky

Na začátku května umřel malostranský obchodník Josef Velš. Byl to milý človíček, nevelký, tlustý, s malou hlavičkou v placaté čepici. Usmíval se skoro pořád, v obchodě, na ulici, v kostele, všude – takový obchodní úsměv to byl. Teď ležel pan Velš v rakvi ve svém nejlepším pokoji a usmíval se i po smrti.

Parádní pokoj byl skoro plný, samá malostranská honorace. Všichni čekali na faráře. Nikdo neplakal, protože pan Velš neměl blízké příbuzné a vzdálenější vždycky říkají: „Já bych plakal, ale už nemám slzy." – „Ano, ano, ale tím je to horší."

Teď vešla do pokoje paní Rusová, které všichni říkali paní Ruska. Byla bezdětná vdova. Žila sama, a kdyby se někdo zeptal, co pořád dělá, lidé by mu řekli: Chodí na pohřby.

14   **adaptovaná** česká próza

Byla to statná padesátnice, prostředně vysoká. Její hnědé oči se zadívaly na tvář mrtvého. Kulatý, upřímný obličej zesmutněl, rty se začaly chvět. Hlasitě se rozplakala.

Pak si rychle utřela oči i ústa a podívala se vlevo a vpravo. „Dej mu Pánbůh věčnou slávu," obrátila se německy na svou sousedku, neznámou, slušně oblečenou paní. „Šel, a nechal nás tady, a taky majetek. Smrt je zlodějka, je..."

Neznámá paní neodpovídala.

„Hezká rakev, viďte, já bych řekla, že stála i dvacet zlatých. Ale nebožtík si ji zasloužil, dobrák... Jako by se na nás i teď usmíval. Vypadá jako živý, že?"

„Já jsem ho živého neznala."

„Ne? O jé, já jsem ho znala moc dobře. Taky jeho manželku, když byla ještě svobodná. Když měli svatbu, ona celý den plakala. Hloupé, ne? Plakat, když ho předtím tak dlouho znala! Devět let na ni čekal, a měl čekat ještě devětkrát déle, tak byla protivná. Myslela, že je ze všech nejkrásnější a nejrozumnější, ale na trhu se hádala o každý halíř. Služky u ní nikdy neměly dost jídla. A Velš, ten s ní měl peklo! Neměl klid ani minutu. Víte, ona byla, jak říkáme, romantická, a chtěla, aby ji celý svět litoval. Pořád naříkala, jak ji muž trápí. Kdyby ji ze zlosti zabil, byla by ráda, a kdyby zabil sebe, byla by ráda taky."

Paní Ruska se podívala na svou sousedku. Ale neznámá paní tu už nestála. Paní Ruska si při řeči nevšimla, jak se červená a odstupuje od ní. Teď mluvila v rohu pokoje s příbuzným pana Velše, s panem Uhmühlem. Dřív se jmenoval Uměl, ale jeho rodina si změnila jméno na německé Uhmel a pak Uhmühl.

Paní Ruska se znovu zadívala na mrtvého. V oku se jí opět objevila slza.

„Chudák," pravila hezky hlasitě k paní Hirtové, která stála vedle. „Ale na všechno je trest Boží, na všechno. Vždyť on také nebyl poctivý! Kdyby si vzal chudou Tondu, se kterou měl dítě..."

| Povídky malostranské 15

„Zdráva v májové noci na koštěti přijela?" zazněl za ní mužský hlas a kostnatá ruka se jí položila na rameno. Všichni hleděli na paní Rusku a pana Uhmühla, který se teď postavil před ni. Natáhl ruku a zavelel: „Ven!"

„Co se děje?" ptal se od dveří bratr pana Uhmühla, malostranský policejní komisař.

„Tady ta čarodějnice pomlouvá mrtvé. Má jazyk jako meč."

„To dělá při každém funuse!"

„Už udělala rámus i na hřbitově!"

„Honem ven," zavelel pan komisař a už vedl paní Rusku za ruku. Plakala jako dítě.

„Teď ticho," velel komisař paní Rusce v předpokoji, protože kolem procházel farář. Pak ji vyvedl až před dům. Tam zavolal policajta: „Dovedte tu ženu až k jejímu bytu, aby nedělala při pohřbu ostudu!"

Paní Ruska byla červená jako pivoňka, ani nevěděla, co se s ní děje.

„Skandál – a tak krásný funus!" povídali si lidé dole na náměstí.

Druhý den musela jít paní Ruska na policejní komisariát v Mostecké ulici. Stála celá zdrcená před přísným panem komisařem, který k ní měl řeč. „Už nikdy nesmíte na žádný pohřeb! Teď můžete jít!" řekl jí na závěr.

Když vyšla s kanceláře, řekl pan komisař svému kolegovi s úsměvem: „Ona za to snad ani nemůže!" a oba se rozesmáli.

Ale paní Ruska dlouho nemohla najít svou obvyklou dobrou náladu. Nakonec ji však našla. Asi po půl roce si pronajala byt vedle Újezdské brány, kterou musel projít každý pohřeb z Malé Strany. A dobrá paní Ruska vždycky vyšla před dům a srdečně plakala.

16 **adaptovaná** česká próza

Doktor Kazisvět

Doktor Kazisvět se vlastně jmenoval Heribert. Kazisvět – ten, kdo ostatním kazí svět – mu začali říkat až po jedné příhodě, která byla tak podivná, že se dostala do novin.

Byl to opravdový doktor, ale nikdy neměl žádné pacienty. Chodil po malostranských ulicích vždycky sám, vyhýbal se lidem, a když na něho někdo promluvil, neodpověděl. Navíc nosil vousy, a to tenkrát lidé považovali za neslušné. Bylo mu teprve asi čtyřicet let, ale žádná malostranská dívka se už o něho nezajímala.

Slunce svítilo a byl krásný červnový den. Po Malé Straně šel pohřební průvod. Byl to pohřeb pana rady Schepelera. Je to zvláštní, ale všichni lidé, kteří šli v průvodu, se zdáli spokojeni.

adaptovaná česká próza

Spokojení byli mladí kolegové mrtvého, kteří nesli rakev. Všichni se na ně dívali a to se jim velmi líbilo. Spokojený byl pan doktor Link, který za léčení dostal velké peníze. Spokojený byl také synovec pana Schepelera, který už věděl, že dostane dědictví pět tisíc zlatek. Musíme bohužel říct, že spokojená byla i vdova, paní Schepelerová. Všichni ji litovali a černé šaty jí pěkně slušely.

Jediný, kdo byl opravdu smutný, byl nejlepší přítel pana Schepelera, pan Kejřík. Vdova mu hned ráno řekla, že čeká odměnu za to, že byla už během manželova života věrná – jemu, panu Kejříkovi. A pan Kejřík se ženit nechtěl…

Před branou z města se průvod zastavil, rakev postavili na zem a kněz říkal požehnání. Když mladíci znovu zvedali rakev na vůz, víko sklouzlo a spadlo na zem. Mrtvý zůstal v rakvi, ale jeho pravá ruka vyskočila ven.

Všichni byli zděšení. Bylo tak ticho, že člověk slyšel, jak tikají hodinky. Najednou se vedle rakve objevil doktor Heribert. Vracel se z procházky a chtěl projít mezi lidmi.

Heribert vzal ruku mrtvého a chtěl ji dát zpátky. Držel ji však dál, a pak otevřel mrtvému oko.

„No, co se děje?" vykřikl synovec pana rady. „Proč nejedeme dál? Máme tady stát?"

Mladíci chtěli dát rakev na vůz.

„Pozor!" vykřikl doktor Heribert. Byl malý a hubený, ale měl překvapivě silný hlas. „Ten muž není mrtvý!"

„Nesmysl! Vy jste blázen!" vrčel doktor Link.

„Policie!" volal synovec pana rady.

Jen pan Kejřík přišel blíž a ptal se s nadějí:

„Opravdu není mrtvý?"

„Není. Rychle ho odneste někam do domu, ať mu můžeme pomoct."

„Ten člověk je blázen!" volal doktor Link.

„Kdo je to?" ptal se synovec.

| **Povídky malostranské** 19

„Prý doktor!"

„Doktor kazisvět! Policie!" křičel synovec, kterého ovládla vzpomínka na těch pět tisíc.

„Doktor kazisvět," opakovali mladíci.

Odnesli pana Schepelera do blízké hospody. Pan Kejřík horlivě pomáhal. Paní Schepelerová chtěla vystoupit z kočáru, ale omdlela.

Před hospodou stál dav lidí. Občas mezi nimi proběhl pan Kejřík a radostně volal: „Máme naději!" Pak zase: „Už jsem sám cítil puls. Ten doktor čaruje!" A konečně: „Dýchá!"

Ten večer byly všechny malostranské hospody plné až do půlnoci.

„To je doktor!"

„Ale proč si neotevře praxi?"

„Má asi peníze, nepotřebuje to…"

„A proč mu říkají kazisvět? Já to dneska na pohřbu slyšel aspoň stokrát!"

Po dvou měsících byl pan rada Schepeler zase jako dřív. „Pánbůh na nebi a doktor Heribert na zemi!" říkal. A taky: „Kejřík je poklad!"

O doktoru Heribertovi mluvilo celé město a psaly o něm noviny snad po celém světě. Malá Strana byla pyšná. Všichni chtěli Heriberta jako osobního lékaře. Ale doktor Heribert nic. Říkalo se dokonce, že k němu přišla paní Schepelerová s penězi, ale on ji nepustil dál a nakonec prý ji polil z balkonu vodou.

Lidé ho zdravili, ale on neodpovídal. Bylo vidět, že o nikoho nestojí. Nebral žádné pacienty. Ale přesto mu teď všichni říkali „doktor Kazisvět".

Od toho nepovedeného pohřbu na něj ta přezdívka spadla jako z nebe.

Přivedla žebráka na mizinu

Chci psát smutný příběh, ale hledí mi do něj veselý obličej pana Vojtíška. Obličej červený a zdravý, jako nedělní pečeně politá máslem, kolem bílé vousy jako hustá smetana. Pan Vojtíšek byl žebrák malostranský. Co dělal předtím, nevím. Byl žebrákem už dlouho, a vypadal tak zdravě, že žebrákem ještě dlouho být mohl.

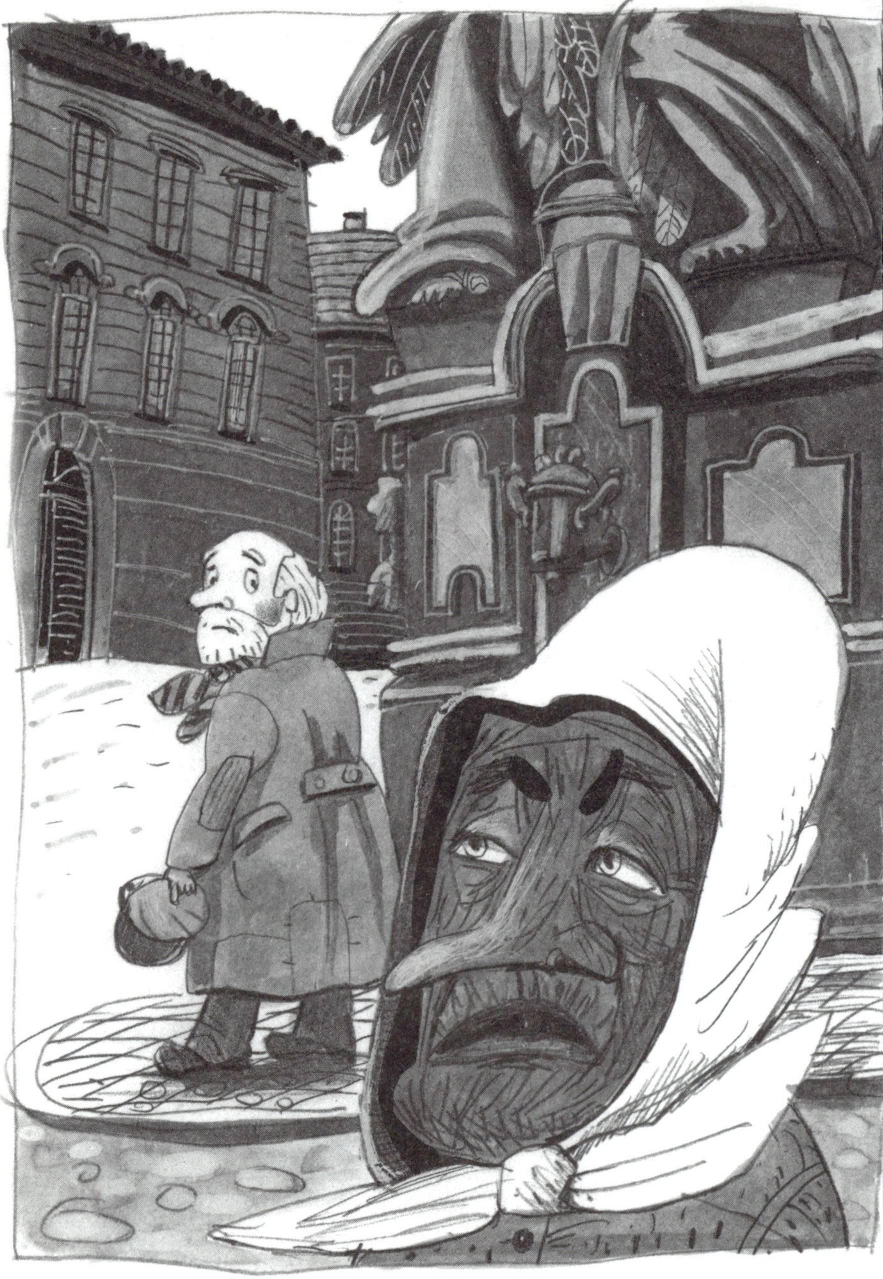

Pan Vojtíšek nebyl obyčejný žebrák. Oblékal se vždycky čistě a mluvil slušně. Dokonce i s panem policajtem Šimrem mluvil jako soused – a to si pomyslete, jaký pán tenkrát policajt byl! Za týden prožebral pan Vojtíšek celou Malou Stranu. Všude mu hospodyně dávaly nějaké drobné. V poledne šel ke svatému Mikuláši na mši a pak si někde vyprosil trochu teplé polévky.

Byl krásný červnový den. Pan Vojtíšek vyšel z kostela a posadil se u kašny. Od kostela k němu přišla jedna z žebraček, které tam seděly na schodech. Když jste jim dali almužnu, žebračky vám slibovaly, že Bůh vám vrátí almužnu stokrát, ale ona říkala, že milionkrát. Lidé jí proto říkali „bába miliónová". Byla hubená, nos špičatý, oči žlutozelené jako kočka. V ústech měla jenom jeden zub, celý černý.

„Pane Vojtíšku," začala, „pane Vojtíšku, já vždycky říkám, kdybyste chtěl!"

Pan Vojtíšek nic.

„Ach Bože, jak já jsem opuštěná… Pane Vojtíšku, my dva bychom mohli být spolu šťastní. – Mně se tuhle o vás zdálo a já myslím, že Pánbůh to tak chce. Vy jste sám, já jsem sama – dáme to dohromady!"

Pan Vojtíšek pomalu vstal. „To bych radši vypil jed!" vyhrkl konečně a šel pryč.

Bába miliónová tam ještě dlouho seděla. Snad usnula.

Po Malé Straně se začaly šířit divné zprávy. „Pan Vojtíšek," bylo slyšet v rozhovorech a pak zase: „Pan Vojtíšek!"

Brzy jsem věděl všechno. Pan Vojtíšek prý není vůbec chudý. Má tam za vodou, na Františku, dva domy. Dělal si z dobrých malostranských sousedů blázny. A jak dlouho!

„Darebák!" říkali mužští. Ženské mu ještě věřily, protože měl takovou dobrou tvář, ale brzy věřit přestaly. Dozvěděly se, že jeho dcery prý dělají slečny, nosí rukavičky a jezdí do Stromovky.

To rozhodlo i u ženských.

| **Povídky malostranské** 23

Najednou začaly pro pana Vojtíška zlé časy. Kde mu předtím dávali obědy, slyšel, že „dneska nic nezbylo" nebo „jsme sami chudí". Kluci na něho křičeli: „Domácí pán! Domácí pán!"

„Pane Vojtíšku," volal na něj pan Herzl, hospodský z domu U Dvou sluncú. „To je dobře, že jdete! Nepůjčil byste mi dvacet tisíc? Nebojte se, já vám je vrátím! Já bych mohl koupit tady vedle dům U Labutě – "

Pan Vojtíšek šel pomalu, vlasy měl rozcuchané. Byl bledý a vypadal jako nemocný. Když na něj pan Herzl promluvil, rozplakal se. „Ale já – ale já – já jsem po celý život tak poctivý!"

Klesl na zem a plakal.

Běžel jsem domů. Matka právě vařila jídlo. „Co mu povídal pan Herzl?" zeptala se. Když jsem jí to řekl, zavolala na pana Vojtíška a dala mu kus chleba a kávu. Pan Vojtíšek stál a beze slova se na ni díval.

„Zaplať Pánbůh," řekl konečně, „ale já teď nemůžu nic polknout."

Pak už pan Vojtíšek na Malé Straně nežebral. Seděl na Křížovnickém náměstí u Klementina. Čepice mu ležela na zemi, nemluvil, na nikoho se nedíval. Dal jsem mu peníze a běžel jsem pryč. Potkal jsem ho potom jenom jednou: vedl ho policajt přes most zpátky na Malou Stranu. Víckrát jsem ho už nikdy neviděl.

Bylo mrazivé únorové ráno. Venku bylo ještě šero.

„Dojdi pro mléko," řekla mi matka. „Ale vezmi si šálu."

Venku stála mlékařka a vedle policajt pan Kedlický. V lucerně svítil kousek levné svíčky.

„Cože, pan Vojtíšek?" ptala se mlékařka.

„Ano, odpověděl pan Kedlický. „Našli jsme ho po půlnoci na Újezdě vedle kasáren. Byl úplně zmrzlý. Měl jen roztrhaný kabát a kalhoty, ani košili neměl."

■ Hastrman

Ať bylo teplo nebo zima, starý pan Rybář z Malé Strany chodil vždycky s kloboukem v ruce. Byl malý a hubený, nosil zelený kabát se zlatými knoflíky a šedé vlasy měl svázané do copu – byl to jeden z posledních copů v Praze. Neměl rodinu a bydlel v Praze u své neteře. Pořád se usmíval a když mluvil, vždycky začínal komickým hvízdnutím: „Ďjó..." Chodil často na vyhlídku nad Prahou. Jakmile tam uviděl nějaké cizince, kteří obdivovali krásu města, říkal vždycky: „Ďjó, moře! Proč nebydlíme u moře!"

Pro jeho jméno, pro ten zelený kabát a pro to „moře" jsme mu my děti říkali Hastrman. Lidé si vyprávěli, že je pan Rybář velmi bohatý. Měl doma velkou sbírku drahých kamenů, které

adaptovaná česká próza

prý měly pohádkovou cenu. Všechny nasbíral sám a měl je doma ve velké černé skříni, v černých krabičkách vykládaných bílým sametem.

Jednou jsem viděl pana Rybáře, jak klidně kráčí dolů Ostruhovou ulicí. Byl slunečný srpnový den. Pan Rybář nesl jednu z těch černých krabic ze své skříně. Lidé se za ním otáčeli.

„Jde se někam chlubit, jak je bohatý," hádal pan Herzl z hospody v domě U Dvou sluncu.

„O jé, je to s ním špatné, jde to prodávat," volal zase pan Vitouš z obchodu na rohu ulice.

Pan Rybář sešel Ostruhovou ulicí, přešel náměstí a vešel do domu, kde bydlel gymnazijní profesor pan Mühlwenzel, matematik a přírodovědec.

Pan profesor měl po dobrém obědě a odpoledním spánku dobrou náladu. „Čím můžu sloužit?" zeptal se pana Rybáře.

Pan Rybář položil krabici na stůl a otevřel ji. „Já bych – já jen – jakou to má asi cenu – ," koktal.

Pan profesor vzal jeden kamínek do ruky. Byl tmavý a těžký. „To je moldavit."

„Jak?"

„Moldavit."

„Djó, moldavit," hvízdl pan Rybář. Bylo na něm tak trochu vidět, že to slovo slyší poprvé v životě.

„Ten by se hodil pro naši školní sbírku," řekl pan profesor. „Mohl byste nám ho prodat."

„Uvidíme. Kolik tak asi – "

„Tři zlatky byste za něj dostal. No?"

„Tři zlatky," hvízdl tiše pan Rybář. Brada mu klesla na zlatý knoflík. „A ty ostatní?"

„Chalcedony, jaspisy, ametysty. To nic není."

Za okamžik šel pan Rybář Ostruhovou ulicí nahoru. Šel smutně, pomalým krokem. Poprvé v životě ho sousedi viděli s kloboukem na hlavě. Jeho širokou střechu měl staženou

| Povídky malostranské

do čela. Nevšímal si nikoho, nehvízdl ani jednou. Dneska už z domu nevyšel. A byl tak krásný den!

Blížila se půlnoc. Nebe se modralo jako zrána, měsíc zářil a hvězdy se třepotaly jako jiskry. Petřín byl pokrytý nádhernou stříbrnou mlhou, stříbrná záplava ležela po celé Praze.

Pan Rybář měl obě okna otevřená. Stál u jednoho z nich jako socha. Z dálky hučely vltavské jezy. Slyšel je stařeček?

„Moře! Proč tu není moře!" šeptal.

Snad se v něm vlnila tesknota jako moře.

Pak se obrátil od okna. Na podlaze ležely otevřené krabice. Vzal nejbližší a vyndal z ní kamínky a hodil je ven z okna.

Dole zapraskalo sklo. Pan Rybář si dneska ani nevzpomněl, že je tam skleník.

„Strýčku, copak to děláte?" Do místnosti vešel pan Šajvl, manžel jeho neteře. „Snad to nechcete všechno vyházet ven?"

Stařec se díval k Petřínu. „Nemá to cenu... Jsou to jen kamínky..."

„Já vím, že moc nestojí. Ale cenu mají, pro nás i pro vás. Vy jste je pracně nasbíral – strýčku, nechte je, prosím, pro mé děti. Budou se na nich učit a vy jim o nich budete vypravovat..."

„Mysleli jste snad," šeptal stařec monotónně, „že jsem bohatý, a já –"

„Strýčku," řekl pan Šajvl měkkým a přitom pevným hlasem a vzal ho za ruku, „copak není bohatství to, že vás tu máme? Moje děti by neměly dědečka, moje žena by byla bez otce. Vidíte, jak jsme kolem vás šťastní, vy jste naše požehnání v domě..."

Stařec znovu přistoupil k oknu. Ústa se mu zachvěla, v očích cítil nevýslovný tlak. Podíval se ven. Neviděl nic určitého, všechno se třpytilo jako rozpuštěný démant, všechno se vlnilo, až k oknu, až do jeho oka – moře – moře!

– – –

Dál už povídat nebudu, dál už neumím.

O domovních znameních

Domovní znamení se začala používat ve středověku. V Praze a jiných českých městech jsou nejstarší domovní znamení ze čtrnáctého století. Znamení pomáhala orientaci a měla především praktický účel, ale často měla také symbolický význam. Lilie je například symbol čistoty a nevinnosti, podkova přináší štěstí, lev, orel nebo medvěd jsou symboly síly a poetická královna květin růže je starobylý symbol lásky a krásy. Andělé nebo Matka Boží měli dům chránit před neštěstím. Velmi oblíbená barva byla zlatá, ale populární byly taky modrá a červená.

V roce 1770 dostaly všechny pražské domy čísla. Trvalo však další čtyři generace, než si lidé na ně zvykli a začali je běžně používat. Domovní znamení nakonec přežila celá staletí. I my moderní lidé si rádi zajdeme na oběd do restaurace U Medvídků, na kávu do kavárny U Zlatého hada nebo přespíme v hotelu U Tří pštrosů. A pak stačí jen zvednout oči, dívat se a obdivovat...

U Zlatého hada *U Červeného orla* *U Bílého jednorožce*

U Zlatého stromu  U Zlatého hroznu  U Zlatého klíče

U Zelené žáby  U Modré lišky  U Zlaté konvice

U Zlatého kola  U Bílého jablka  U Zlatého slunce

U Tří pštrosů  U Tří per  U Tří zlatých seker

adaptovaná česká próza

CVIČENÍ

U Tří lilií

1. Diskutujte před čtením.
1. Dům U Tří lilií, o kterém se mluví v povídce, najdete v Praze na Pohořelci. Znáte tuto lokalitu? Pokud ano, popište, kde je a jak se tam dostanete. Víte, proč se jmenuje Pohořelec?
2. Jaké motivy jsou typické pro romantickou literaturu? O čem je obvykle romantická povídka, kniha nebo film?

2. V povídce jsou neobvyklá slova nebo výrazy (například *krásnooká dívka, hromy se válely*). Najděte aspoň ještě jeden neobvyklý výraz.

3. Co je/není v povídce? Vyberte správnou možnost.
1. Ten den *bylo letní ráno/byla letní noc/byl letní den*.
2. Hospoda byla *blízko hřbitova/daleko od hřbitova/na místě, kde byl dřív hřbitov*.
3. Lidé v hospodě *mluvili/zpívali/tancovali*.
4. Krásná dívka měla *černé vlasy/světlé vlasy/hnědé vlasy*.
5. Krásná dívka odešla asi *na hodinu/na dvě hodiny/na čtvrt hodiny*.
6. Krásná dívka šla domů, protože *její sestra umřela/její matka umřela*.
7. Muž šel s dívkou *domů/ven/do jiné hospody*.
8. Bouře *končila/začínala/vrcholila*.

4. Řekněte, v jakém kontextu se slova z levého sloupce v povídce objevují. Pak v pravém sloupci najděte slova s opačným významem.

1. krásný — B. ošklivý, škaredý
2. světlý
3. teplý
4. otevřený
5. měkký
6. mokrý
7. veselý
8. štíhlý
9. blízký
10. zázračný

A. studený
B. ošklivý, škaredý
C. zavřený
D. smutný
E. suchý
F. tmavý
G. tvrdý
H. obyčejný
I. tlustý
J. daleký

adaptovaná česká próza

5. Jaký je rozdíl mezi těmito výrazy? V jakém kontextu je použijete?

▲ dívka – holka ▲ zlý – zlotřilý ▲ černý – tmavý ▲ světlý – jasný ▲ ječet – řvát ▲ tajemný – zázračný

6. V povídce jsou tři dívky: krásná dívka, její sestra a její starší kamarádka. Která co dělala?

Například: přiběhla ke krásnooké – její sestra

1. mlčky kývla hlavou – _____
2. pomáhala jí – _____
3. vběhla do sálu – _____
4. tančila skoro pořád – _____
5. něco jí šeptala – _____
6. zeptala se jí – _____
7. upravovala si mokré šaty a vlasy – _____

7. Spojte následující věty.

1. Dívka se otočila
2. Vzal jsem ji
3. Nejvíc se mi líbily
4. Začala
5. Krásná dívka zmizela
6. Chvíli jsem se díval
7. Krásnooká mlčky kývla

A. venku ve tmě.
B. její oči.
C. na veselé tančící páry.
D. ke mně.
E. hlavou.
F. za ruku, byla tak měkká.
G. prudká bouřka.

8. Která slovesa k sobě patří? Tvořte imperfektivní/perfektivní páry.

~~obléknout se~~ pomáhat podívat se upravovat si umřít slyšet pít šílet uslyšet pomoct dívat se zešílet vypít upravit si umírat ~~oblékat se~~

1. obléknout se / oblékat se
2. _____ / _____
3. _____ / _____
4. _____ / _____
5. _____ / _____
6. _____ / _____
7. _____ / _____
8. _____ / _____

9. Doplňte do vět slovesa z předchozího cvičení ve správné formě.

1. Myslím, že _____ tenkrát _____.
2. Chvíli _____ na veselé tančící páry a chvíli do tmavé zahrady za oknem.
3. Když hudba dohrála, krásná dívka _____ a zmizela venku ve tmě.
4. Dívka už byla zpátky _____ mokré šaty a vlasy.
5. _____ jí nějaká starší kamarádka.
6. Poprvé _____ její hlas.
7. „Matka zrovna _____."
8. „Jako bych z ní musel _____ tu zlotřilou duši!"

10. Diskutujte po čtení.

1. Povídka je plná kontrastů (například *krásná dívka – její zlotřilá duše*). Najdete nějaké další kontrasty?
2. Je dívka zlá a bezcitná? Jaký je váš názor?

11. Pište.

1. Povídka začíná a končí popisem. Popište v romantickém stylu nějaké místo, které znáte.
2. Představte si, že krásná dívka se po smrti matky vrátila do hospody z nějakého důvodu. Napište jiný konec povídky.
3. Napište příběh tak, jak by ho vyprávěla krásná dívka.

Pan Ryšánek a pan Schlegl

1. Diskutujte před čtením.
 1. Stalo se vám někdy, že jste se pohádali s kamarádem? Proč?
 2. Je obvyklé, když spolu lidi po hádce nemluví? Jak dlouho to asi trvá?
 3. Co říkáte, když se s někým chcete usmířit?

2. Co je /není pravda?
 1. Pan Ryšánek a pan Schlegl seděli v hospodě na Starém Městě u jednoho stolu. ANO / NE
 2. Pan Ryšánek a pan Schlegl spolu nemluvili už dvanáct let. ANO / NE
 3. Kdysi se oba zamilovali do jedné dívky. ANO / NE
 4. Dívka si vzala pana Schlegla. ANO / NE
 5. Pan Ryšánek se oženil s jinou dívkou. ANO / NE
 6. Paní Schleglová zemřela před mnoha lety po porodu syna. ANO / NE
 7. Pan Ryšánek vážně onemocněl, dostal rýmu. ANO / NE
 8. Když se pan Schlegl dověděl, že je pan Ryšánek nemocný, byl smutný. ANO / NE
 9. Pan Ryšánek se uzdravil. ANO / NE
 10. Pan Ryšánek začal znovu chodit do hospody a usmířil se s panem Schleglem. ANO / NE

3. Jaký je rozdíl mezi těmito výrazy? V jakém kontextu je použijete?
 ▲ pán – domácí pán ▲ hostinec – hospoda ▲ vážený – vážný
 ▲ žena – ženská ▲ dcera – dcerka ▲ tabák – tabáček
 ▲ potkat se – setkat se

4. Kdo to říká? Pan Ryšánek, pan Schlegl nebo hostinský?
 1. „Ale vidím, že nekouříte." – _____
 2. „Dneska mám poprvé chuť." – _____
 3. „Leží tam na stole." – _____
 4. „Tak, jak se daří, pane Ryšánek?" – _____
 5. „Už jsme se tu o vás báli." – _____
 6. „Děkuju, už mám svůj." – _____

cvičení | Povídky malostranské

7. „Dneska asi pana Ryšánka neuvidíme." – _____
8. „Prosím, vezměte si." – _____
9. „Kouřím stejný jako vy." – _____
10. „No, musíme doufat, že to bude lepší." – _____

5. Doplňte správné prepozice. Pak zkontrolujte v textu.

Každý den, vždycky 1. _____ šesti 2. _____ osmi, tam 3. _____ třetího stolu 4. _____ okna sedí dva vážení páni, pan Ryšánek a pan Schlegl. Přicházejí každý den už celých jedenáct let – a jedenáct let 5. _____ sebe nepromluví ani slovo, jedenáct let si jeden druhého nevšimne. Nepřátelství 6. _____ nimi je staré a nesmiřitelné a 7. _____ Malé Straně 8. _____ něm všichni vědí. Vědí také 9. _____ tom, jaká je jeho příčina. Je to ženská. Milovali ji oba. Nejdřív lidé mysleli, že si vezme pana Ryšánka, ale pak – a nikdo neví proč – dala přednost panu Schleglovi. Snad proto, že byl pan Schlegl 10. _____ deset let mladší. Stala se paní Schleglovou. Kdoví, jestli byla paní Schleglová tak krásná, že se 11. _____ ní pan Ryšánek už nikdy neoženil. A už se to nikdo nedoví. Zemřela 12. _____ prvním porodu a nechala 13. _____ sobě dcerku, která byla jako její věrný obrázek.

6. Která slovesa k sobě patří? Tvořte imperfektivní/perfektivní páry.

~~uzdravovat se~~ setkávat se   přecházet   odejít   potkávat
brát si   objednat si   přejít   vzít si   podat   odcházet
podávat   setkat se   ~~uzdravit se~~   objednávat si   potkat

1. uzdravovat se / uzdravit se
2. _____ / _____
3. _____ / _____
4. _____ / _____
5. _____ / _____
6. _____ / _____
7. _____ / _____
8. _____ / _____

7. Doplňte do vět slovesa z předchozího cvičení ve správné formě.

1. Nejdřív lidé mysleli, že _____ pana Ryšánka, ale pak dala přednost panu Schleglovi.

adaptovaná česká próza

2. Snad si tak poprvé sedli náhodou, a protože byli oba pyšní, nechtěl ani jeden ──────────.
3. Jednou ve středu před Velikonocemi přišel pan Schlegl a ────────── jako obvykle pivo.
4. Víc se smál, hlasitěji mluvil, častěji ────────── po místnosti.
5. Pan Ryšánek ────────── pomalu ──────────.
6. Začal jsem ho ────────── na procházkách v petřínských zahradách.
7. Natáhl ruku a ────────── svůj sáček s tabákem.
8. Pak teprve obrátil pan Ryšánek pomalu hlavu k němu. Jejich oči ──────────.

8. Určete, v jakém pádu jsou výrazy napsané kurzívou. Pak je řekněte v nominativu sg.
1. Po chvíli jeho pohled sklouzl na *pana Ryšánka*.
2. Dala přednost *panu Schleglovi*.
3. Je to jedna z *nejlepších malostranských restaurací*.
4. Konečně jednou koncem *června* jsem zase uviděl pana Ryšánka a pana Schlegla u jednoho stolu.
5. Ještě žádná chuť na *tabáček*?
6. Chodí tam úředníci, profesoři, důstojníci a také pár *penzistů* a *starých domácích pánů*.
7. Pak teprve obrátil pan Ryšánek pomalu *hlavu* k němu.
8. Každý den tam u *třetího stolu* u okna sedí pan Ryšánek a pan Schlegl.

9. Označte výrazy, které používáme, když se chceme s někým usmířit.
1. Měj se hezky.
2. Promiň, omlouvám se.
3. Šťastnou cestu!
4. To je mi líto.
5. Už se to nestane.
6. Jak to dopadlo?
7. Mrzí mě to.
8. Dávej na sebe pozor.
9. Asi to byla taky moje chyba.
10. Přeju vám krásný den.

10. Diskutujte po čtení.
1. Vydrželi byste s někým nemluvit tak dlouho jako pan Ryšánek a pan Schlegl?
2. Je vám sympatičtější pan Ryšánek nebo pan Schlegl?

11. Pište.
1. Představte si, že jste se pohádali s kamarádem a chcete se s ním usmířit. Napište mu dopis.
2. Napište příběh tak, jak by ho vyprávěl pan Schlegl.

O měkkém srdci paní Rusky

1. Diskutujte před čtením.
   1. Víte, co znamená, když se o někom říká, že má jazyk jako meč?
   2. Jaký je rozdíl mezi slovy „pomlouvat" a „kritizovat"?

2. Co je/není v povídce? Vyberte správnou možnost.
   1. Pan Velš *byl/nebyl* příbuzný paní Rusky.
   2. Paní Ruska byla *mladá/středního věku/stará*.
   3. Paní Ruska mluvila v povídce *česky/německy/rusky*.
   4. Paní Ruska dobře znala *sestru pana Velše/manželku pana Velše/tetu pana Velše*.
   5. Paní Velšová byla podle paní Rusky *nejkrásnější/nejrozumnější/protivná*.
   6. Paní Ruska pana Velše *pomlouvala/milovala/litovala*.
   7. *Otec pana Uhmühla/bratr pana Uhmühla/syn pana Uhlmühla* byl policejní komisař.
   8. Komisař vyvedl paní Rusku ven, protože *mluvila moc hlasitě/protože pomlouvala mrtvého*.
   9. Komisař paní Rusce řekl, že paní Ruska *smí/nesmí/nemusí* chodit na pohřby.
   10. Paní Ruska *se přestěhovala na jiné místo/se vystěhovala z Prahy*.

3. Jaký je rozdíl mezi těmito výrazy? V jakém kontextu je použijete?
   ▲ člověk – človíček ▲ usmívat se – smát se – rozesmát se
   ▲ pohřeb – funus ▲ plakat – naříkat ▲ dívat se – zadívat se
   ▲ pronajmout si – pronajmout

4. Najděte v textu maskulinum nebo femininum k těmto slovům.
   1. _____ a obchodnice
   2. zloděj a _____
   3. sluha a _____
   4. padesátník a _____
   5. soused a _____
   6. čaroděj a _____

cvičení | Povídky malostranské

5. Řekněte, v jakém kontextu se slova z levého sloupce v povídce objevují. Pak v pravém sloupci najděte slova s opačným významem.

1. plakat
2. hlasitě
3. mrtvý
4. pohřeb
5. kulatý
6. blízký příbuzný
7. pohádat se
8. chudý
9. protivný
10. nejlepší

A. bohatý
B. nejhorší
C. hranatý
D. smát se
E. milý, sympatický
F. vzdálený příbuzný
G. svatba
H. živý
I. usmířit se
J. potichu, tiše

6. Spojte začátky a konce vět.

1. Já bych plakal,
2. Na trhu se hádala
3. Neznámá paní
4. Paní Ruska se podívala
5. Stála celá zdrcená
6. Paní Ruska nemohla najít
7. Dobrá paní Ruska vyšla

A. před přísným panem komisařem.
B. na svoji sousedku.
C. před dům a srdečně plakala.
D. ale už nemám slzy.
F. svoji obvyklou dobrou náladu.
G. o každý halíř.
H. neodpovídala.

7. Doplňte spojky (konjunkce). Pak zkontrolujte v textu.

Já jsem ho znala moc dobře. Taky jeho manželku, 1. _____ byla ještě svobodná. 2. _____ měli svatbu, ona celý den plakala. Hloupé, ne? Plakat, když ho předtím tak dlouho znala! Devět let na ni čekal, a měl čekat ještě devětkrát déle – tak byla protivná. Myslela, 3. _____ je ze všech nejkrásnější a nejrozumnější, 4. _____ na trhu se hádala o každý halíř. Služky u ní nikdy neměly dost jídla. A Velš, ten s ní měl peklo! Neměl klid ani minutu. Víte, ona byla, 5. _____ říkáme, romantická, a chtěla, 6. _____ ji celý svět litoval. Pořád naříkala, 7. _____ ji muž trápí. 8. _____ ji ze zlosti zabil, byla by ráda, 9. _____ zabil sebe, byla by ráda taky.

8. Doplňte slova do textu ve správné formě.

▲ komisař ▲ pronajmout si ▲ nálada ▲ kolega ▲ ulice
▲ brána ▲ moct ▲ vždycky ▲ vyjít ▲ smět

40 **adaptovaná** česká próza

Druhý den musela jít paní Ruska na policejní komisariát v Mostecké 1. _____. Stála celá zdrcená před přísným panem 2. _____, který k ní měl řeč. „Už nikdy 3. _____ na žádný pohřeb! A teď můžete jít!" řekl jí na závěr. Když 4. _____ z kanceláře, řekl pan komisař svému 5. _____ s úsměvem: „Ona za to snad ani nemůže!" a oba se rozesmáli. Ale paní Ruska dlouho 6. _____ _____ najít svou obvyklou dobrou 7. _____. Nakonec ji však našla. Asi po půl roce 8. _____ byt vedle Újezdské 9. _____, kterou musel projít každý pohřeb. A když šel kolem, vyšla dobrá paní Ruska 10. _____ před dům a srdečně plakala.

9. Co by bylo, kdyby...? Doplňte věty.
1. Kdyby paní Ruska měla co dělat, _____
2. Kdyby paní Ruska nechodila na pohřby, _____ _____
3. Kdyby nepomlouvala pana Velše a jeho manželku, _____ _____
4. Kdyby komisař paní Rusku nevyvedl z bytu pana Velše, ___ _____
5. Kdyby komisař nezakázal paní Rusce chodit na pohřby, ___ _____
6. Kdyby si paní Ruka nepronajala byt u Újezdské brány, ___ _____

10. Diskutujte po čtení.
1. Jaké špatné vlastnosti měla paní Ruska? Proč asi tak ráda chodila na pohřby?
2. Proč si asi pan Uměl změnil jméno na německé?

11. Pište.
1. Představte si, že paní Ruska píše dopis kamarádce o tom, co se stalo. Napište její dopis.
2. Co by se muselo stát, aby paní Ruska přestala pomlouvat lidi? Napište příběh.

Doktor Kazisvět

1. Diskutujte před čtením.
  1. „Kazisvět" je ten, kdo někomu jinému „kazí svět". Co to znamená? Co asi dělá?
  2. Znáte nějakého „kazisvěta"?

2. Odpovězte na otázky.
  1. Jak vypadal doktor Heribert?
  2. Proč se malostranské dívky o Heriberta nezajímaly, i když byl svobodný?
  3. Proč byli lidé na pohřbu pana rady Schepelera spokojení?
  4. Jak se stalo, že se rakev s mrtvým otevřela?
  5. Co udělal doktor Heribert, který se vracel z procházky?
  6. Kdo měl radost z toho, že pan Schepeler žije?
  7. Co říkal pan Schepeler po dvou měsících?
  8. Jak se pak choval doktor Heribert?

3. Opravte následující věty.
  1. Doktor Heribert měl mnoho pacientů.
  2. Doktor nosil dlouhé vlasy a to tenkrát lidi pokládali za neslušné.
  3. Paní Schepelerová nebyla na pohřbu.
  4. Paní Schepelerová neznala pana Kejříka.
  5. Doktor Heribert se vracel z dovolené, a přitom potkal pohřební průvod.
  6. Lidi odnesli pana radu Schepelera do nemocnice.
  7. Synovec pana rady Schepelera nechtěl peníze.
  8. Paní Schepelerová řekla, že doktor Heribert je „doktor Kazisvět".
  9. Pan rada Schepeler neumřel, ale už nikdy nebyl zdravý.
  10. Doktor Kazisvět začal nakonec léčit mnoho lidí.

4. Vyberte vhodné sloveso.
  1. Heribert byl doktor, ale nikdy *neviděl/neměl/neuměl* žádné pacienty.
  2. Slunce *svítilo/slunilo* a byl krásný červnový den.
  3. Všichni vdovu litovali a černé šaty jí opravdu *líbily/hodily/slušely*.

42 adaptovaná česká próza

4. Pan Kejřík se nechtěl *vdávat/ženit*.
5. „Proč nejedeme dál?" *vykřikl/rozplakal se/zasmál se* synovec pana rady Schepelera.
6. „Opravdu není mrtvý?" *odpověděl/žádal/ptal se* pan Kejřík.
7. Paní Schepelerová chtěla *vystoupit/nastoupit/odstoupit* z kočáru, ale omdlela.
8. Lidi *odvedli/odnesli/odešli* pana Schepelera do blízké hospody.
9. Lidi doktora zdravili, ale on *neříkal/nebavil/neodpovídal*.
10. Od toho nepovedeného pohřbu to na něj *napadlo/spadlo/vypadlo* jako z nebe.

5. **Řekněte, v jakém kontextu se slova z levého sloupce v povídce objevují. Pak v pravém sloupci najděte slova s opačným významem.**
   1. spokojený   A. šeptat
   2. mrtvý   B. slabý
   3. slušný   C. na zemi
   4. na nebi   D. beznaděj
   5. křičet   E. živý
   6. naděje   F. nespokojený
   7. silný   G. neslušný

6. **Kdo to říkal? Doktor Heribert, doktor Link, pan Kejřík nebo synovec pana Schepelera?**
   1. „Máme naději!" – _____
   2. „Proč nejedeme dál? Máme tady stát?" – _____
   3. „Ten člověk je blázen!" – _____
   4. „Opravdu není mrtvý?" – _____
   5. „Policie!" – _____.
   6. „No, co se děje?" – _____
   7. „Rychle ho odneste někam do domu, ať mu můžeme pomoct."
      – _____
   8. „Nesmysl! Vy jste blázen!" – _____
   9. „Už jsem sám cítil puls. Ten doktor čaruje!" – _____

7. Která slovesa k sobě patří? Tvořte imperfektivní/perfektivní páry.

~~vrátit se~~   dostávat   dostat   dostávat se   vzít   odnést
~~vracet se~~   litovat   zastavovat se   odnášet   pozdravit
zastavit se   brát   dostat se   politovat   zdravit

1. vracet se _____ / vrátit se
2. _____ / _____
3. _____ / _____
4. _____ / _____
5. _____ / _____
6. _____ / _____
7. _____ / _____
8. _____ / _____

8. Doplňte do vět slovesa z předchozího cvičení ve správné formě.

1. Kazisvět mu začali říkat až po jedné příhodě, která byla tak podivná, že _____ do novin.
2. _____ pana Schepelera do blízké hospody.
3. _____ z procházky a chtěl projít mezi lidmi.
4. Spokojený byl také synovec pana Schepelera, který už věděl, že _____ dědictví pět tisíc zlatek.
5. Lidé ho _____, ale on neodpovídal.
6. Doktor Kazisvět _____ žádné pacienty.
7. Všichni ji _____ a černé šaty jí pěkně slušely.
8. Před branou z města _____ průvod _____, rakev postavili na zem a kněz říkal požehnání.

9. Doplňte správné prepozice.

1. _____ dvou měsících byl pan rada Schepeler zase jako dřív. „Pánbůh 2. _____ nebi a doktor Heribert 3. _____ zemi!" říkal. A taky: „Kejřík je diamant!" 4. _____ doktoru Heribertovi mluvilo celé město a psaly 5. _____ něm noviny snad 6. _____ celém světě. Malá Strana byla pyšná. Všichni chtěli Heriberta jako osobního lékaře. Ale doktor Heribert nic. Říkalo se dokonce, že 7. _____ němu přišla paní Schepelerová 8. _____ penězi, ale on ji nepustil dál a nakonec prý ji polil 9. _____ balkonu vodou. Lidé ho zdravili, ale on neodpovídal. Bylo vidět, že 10. _____ nikoho nestojí. Nebral žádné pacienty. Ale přesto mu teď všichni

adaptovaná česká próza

říkali „doktor Kazisvět". 11. _____ toho nepovedeného pohřbu 12. _____ něj ta přezdívka spadla jako 13. _____ nebe.

10. Diskutujte po čtení.
1. Proč lidé na Malé Straně mysleli, že je doktor Heribert divný?
2. Myslíte, že doktor Heribert byl opravdu „kazisvět"?
3. Kdo je vám v povídce sympatický/nesympatický a proč?

11. Pište.
1. Představte si, že jste doktor Heribert. Napište dopis kamarádovi o tom, co se stalo.
2. Napište příběh jako vzpomínku pana rady Schepelera.

Přivedla žebráka na mizinu

1. Diskutujte před čtením.
1. Napište definici slova „žebrák". Jak ji formulujete?
2. Proč lidi žebrají? Je to vždycky nutné?
3. Jaké máte se žebráky zkušenosti? Dáváte jim peníze?

2. Seřaďte příběh.
____ Žebračka mu navrhla, aby žili spolu.
____ Jednou v létě potkal žebračku, které se říkalo „bába miliónová".
____ Byl oblíbený a lidé mu dávali jídlo a nějaké drobné.
____ V únoru ho našli zmrzlého.
____ Pan Vojtíšek žebral na Malé Straně.
____ Pan Vojtíšek jí řekl, že by raději vypil jed.
____ Řekla o něm, že je velmi bohatý a má dva domy.
____ Pan Vojtíšek nemohl jíst, protože byl zoufalý.
____ Žebračka se rozzlobila a pomluvila ho.
____ Matka dala panu Vojtíškovi chleba a kávu.
____ Lidé přestali panu Vojtíškovi dávat jídlo a peníze.

3. Řekněte, v jakém kontextu se slova z levého sloupce v povídce objevují. Pak v pravém sloupci najděte slova s opačným významem.

1. hustý
2. usnout
3. hubený
4. mluvit slušně
5. rozcuchaný
6. půjčit

A. učesaný
B. probudit se
C. mluvit sprostě
D. řídký
E. vrátit
F. tlustý

4. Jaký je rozdíl mezi těmito výrazy? V jakém kontextu je použijete?
▲ dívat se – hledět ▲ policajt – policista ▲ bába – babička
▲ půjčit peníze – půjčit si peníze ▲ bylo šero – byla tma
▲ tvář – obličej ▲ klesnout na zem – padnout na zem

adaptovaná česká próza

5. Spojte věty.
1. Vypadal tak zdravě
2. Oblékal se
3. Lidé jí proto říkali
4. To bych radši
5. Po Malé Straně se začaly šířit
6. Nepůjčil byste mi
7. Byl bledý
8. Víckrát jsem ho už

A. divné zprávy.
B. nikdy neviděl.
C. že žebrákem ještě dlouho být mohl.
D. „bába miliónová".
E. a vypadal jako nemocný.
F. vypil jed!
G. dvacet tisíc?
H. vždycky čistě a mluvil slušně.

6. Doplňte tyto výrazy do textu ve správné formě.
▲ čistě ▲ pan policajt ▲ vy ▲ slušně ▲ kostel (2x) ▲ obyčejný ▲ teplá polévka ▲ být ▲ který ▲ jít ▲ Všude

Pan Vojtíšek nebyl 1. _____ žebrák. Oblékal se vždycky 2. _____ a mluvil 1. _____ Dokonce i s 1. _____ Šimrem mluvil jako soused – a to si pomyslete, jaký pán tenkrát policajt byl! Za týden prožebral pan Vojtíšek celou Malou Stranu. 5. _____ mu hospodyně dávaly drobný peníz. V poledne 6. _____ ke Svatému Mikuláši na mši a pak si někde vyprosil trochu 7. _____.Byl krásný červnový den. Pan Vojtíšek vyšel z 8. _____ a posadil se u kašny. Od 9. _____ k němu přišla jedna z žebraček, 10. _____ tam seděly na schodech. Když jste jim dali almužnu, žebračky vám slibovaly, že Bůh 11. _____vrátí almužnu stokrát, ale ona říkala, že milionkrát. Lidé jí proto říkali „bába miliónová". 12. _____ hubená, nos špičatý, oči žlutozelené jako kočka. V ústech měla jenom jeden zub, celý černý.

7. Doplňte do vět prepozice.
1. Chci psát smutný příběh, ale hledí mi _____ něj veselý obličej pana Vojtíška.
2. V poledne šel _____ svatému Mikuláši _____ mši.
3. Pan Vojtíšek vyšel _____ kostela a posadil se _____ kašny.
4. _____ kostela k němu přišla jedna _____ žebraček, které tam seděly _____ schodech.
5. _____ Malé Straně se začaly šířit divné zprávy.
6. Dělal si _____ dobrých malostranských sousedů blázny.

7. Najednou začaly _____ pana Vojtíška zlé časy.
8. Pan Vojtíšek stál a _____ slova se _____ ni díval.
9. Pak už pan Vojtíšek _____ Malé Straně nežebral.
10. Seděl _____ Křižovnickém náměstí _____ Klementina.

8. Která slovesa k sobě patří? Tvořte imperfektivní/perfektivní páry.

~~slíbit~~ začít potkávat oblékat se potkat dát vycházet vyjít ~~slibovat~~ usínat začínat polykat věřit dávat obléknout se uvěřit myslet si polknout pomyslet si usnout

1. slibovat / slíbit
2. _____ / _____
3. _____ / _____
4. _____ / _____
5. _____ / _____
6. _____ / _____
7. _____ / _____
8. _____ / _____
9. _____ / _____
10. _____ / _____

9. Doplňte do vět slovesa z předchozího cvičení ve správné formě.

1. _____ vždycky čistě a mluvil slušně.
2. A to _____, jaký pán tenkrát policajt byl!
3. Všude mu hospodyně _____ nějaké peníze.
4. Pan Vojtíšek _____ z kostela a posadil se u kašny.
5. Žebračky vám _____, že Bůh vám vrátí almužnu stokrát.
6. Bába miliónová tam ještě dlouho seděla. Snad _____ .
7. Ženské mu ještě _____, protože měl takovou dobrou tvář, ale brzy přestaly.
8. Najednou _____ pro pana Vojtíška zlé časy.
9. „Zaplať Pánbůh," řekl konečně, „ale já teď nemůžu nic _____ "
10. _____ ho potom jenom jednou: vedl ho policajt přes most zpátky na Malou Stranu.

48 **adaptovaná** česká próza

10. Diskutujte po čtení.
 1. Proč byl pan Vojtíšek na Malé Straně oblíbený?
 2. Proč lidé říkali staré žebračce „bába miliónová"?
 3. Byla to jenom „bába miliónová", kdo zavinil smrt pana Vojtíška?

11. Pište.
 1. Představte si, že po smrti pana Vojtíška mluvíte s bábou miliónovou. Co jí řeknete?
 2. Představte si, že vás někdo v práci nebo ve škole pomlouvá. Co mu řeknete? Můžete proti tomu něco dělat?
 3. Jan Neruda používá krásný jazyk. Říká, že pan Vojtíšek měl „obličej červený a zdravý jako nedělní pečeně politá máslem" a „kolem bílé vousy jako hustá smetana". Vymyslete podobná přirovnání a popište nějakého člověka.

Hastrman

1. Diskutujte před čtením.
1. Sbíráte něco?
2. Co všechno lidé sbírají? Proč to dělají?
3. Co byste sbírali, kdybyste měli čas a peníze?
4. Sbírali jste někdy kameny u vody nebo u na horách? Proč?

2. Co je/není pravda? Opravte následující věty.
1. Pan Rybář vždycky nosil klobouk na hlavě.
2. Pan Rybář měl děti, ale ty s ním nebydlely.
3. Pan Rybář často chodil do parku daleko za Prahu.
4. Lidé mu říkali „hastrman", protože miloval vodu a chodil často plavat.
5. Pan Rybář dostal sbírku kamenů od svého kamaráda.
6. Profesor pan Muhlwenzel učil na univerzitě.
7. Profesor chtěl za sbírku pana Rybáře zaplatit hodně peněz.
8. Pan Rybář chtěl kameny vyhodit do Vltavy.
9. Pan Šajvl byl nevlastní syn pana Rybáře.
10. Pan Šajvl myslel, že kameny jsou velmi drahé, a proto pana Rybáře uklidňoval.

3. Vyberte správnou možnost.
1. Pan Rybář byl malý a hubený, nosil *krátké vlasy/dlouhé vlasy/cop*.
2. Měl doma velkou sbírku *drahých/velkých/krásných* kamenů.
3. Měl je doma *ve velkém černém pokoji/ ve velkém černém klobouku/ ve velké černé skříni*.
4. Profesor měl *po obědě/po večeři/po snídani* dobrou náladu.
5. Kámen jménem moldavit byl *světlý a těžký/tmavý a těžký/tmavý a lehký*.
6. Profesor chtěl panu Rybářovi zaplatit *dva zlaté/tři zlaté/čtyři zlaté*.
7. Když šel pan Rybář domů, *nezazpíval/neposkočil/nehvízdl* ani jednou.
8. Vltavské jezy *křičely/mluvily/hučely/plakaly*.
9. Pan Rybář *ztratil/hodil/viděl* kamínky z okna.

50   adaptovaná česká próza

10. Pan Šajvl mluvil *tichým, ale pevným/tvrdým, ale tichým/měkkým, ale pevným* hlasem.
11. Pan Šajvl řekl, že kdyby neměli pana Rybáře, jeho žena by byla *bez otce/bez tchána/bez strýce*.

4. Spojte začátky a konce vět.
1. Pan Rybář nosil
2. Často chodil
3. Měl doma velkou sbírku
4. Pan profesor měl
5. Pan Rybář se zeptal profesora
6. Profesor řekl: Dostal byste za něj
7. Pan Rybář zapomněl
8. Pan Rybář stál u okna
9. Pan Šajvl byl rád

A. jako socha.
B. že pan Rybář bydlí s jeho rodinou.
C. tři zlatky.
D. zelený kabát se zlatými knoflíky.
E. dobrou náladu.
F. na vyhlídku nad Prahou.
G. jakou mají jeho kameny cenu.
H. drahých kamenů.
I. že je dole skleník.

5. Jaký je rozdíl mezi těmito výrazy? V jakém kontextu je použijete?
▲ pevný hlas – tvrdý hlas ▲ hádat – hádat se ▲ krabice – krabička ▲ stařec – stařeček ▲ strýc – strýček – strejda ▲ otočit se – obrátit se

6. Opravte věty. Doplňte *se* nebo *si* tam, kde je to nutné.
1. Pořád usmíval a když mluvil, vždycky začínal komickým hvízdnutím: „Ďjó…"
2. Lidé za ním otáčeli.
3. „Jde někam chlubit, jak je bohatý," hádal pan Herzl z hospody v domě U Dvou sluncům.
4. Nevšímal nikoho, nehvízdl ani jednou.
5. Blížila půlnoc.
6. Pak obrátil od okna.
7. Pan Rybář dneska ani nevzpomněl, že je tam skleník.
8. Ústa mu zachvěla, v očích cítil nevýslovný tlak.

7. Určete, v jakém pádu jsou výrazy napsané kurzívou. Pak je řekněte v nominativu sg.

1. Pořád se usmíval a když mluvil, vždycky začínal *komickým hvízdnutím*: „Djó...".
2. Jakmile uviděl nějaké cizince, kteří obdivovali krásu *města*, říkal vždycky: „Djó, moře! Proč nebydlíme u moře!"
3. Měl doma velkou sbírku *drahých kamenů*, které prý měly pohádkovou cenu.
4. Všechny nasbíral sám a měl je doma ve velké černé skříni, v černých krabičkách vykládaných *bílým sametem*.
5. Jednou jsem viděl pana Rybáře, jak klidně kráčí dolů *Ostruhovou ulicí*.
6. „O jé, je to s ním špatné, jde to prodávat," volal zase pan Vitouš z obchodu na *rohu* ulice.
7. Pan Rybář položil krabici na *stůl* a otevřel ji.
8. „Mohl byste *nám* ho prodat."
9. *Širokou střechu* klobouku měl staženou do čela.
10. Moje děti by neměly dědečka, moje žena by byla bez *otce*.

8. Která slovesa k sobě patří? Tvořte imperfektivní/perfektivní páry.

~~obracet se~~ otáčet se vyndávat uslyšet vejít blížit se přiblížit se prodat pochlubit se ~~obrátit se~~ prodávat vcházet slyšet vyndat otočit se sejít chlubit se přejít scházet přecházet

1. obracet se / obrátit se
2. _____ / _____
3. _____ / _____
4. _____ / _____
5. _____ / _____
6. _____ / _____
7. _____ / _____
8. _____ / _____
9. _____ / _____
10. _____ / _____

9. Doplňte do vět slovesa z předchozího cvičení ve správné formě.
 1. Pan Rybář nesl jednu z těch černých krabic ze své skříně. Lidé _____ za ním _____.
 2. Jde _____ někam _____, jak je bohatý," hádal pan Herzl.
 3. „O jé, je to s ním špatné, jde to _____," volal zase pan Vitouš z obchodu na rohu ulice.
 4. Pan Rybář _____ Ostruhovou ulicí, _____ náměstí a _____ do domu, kde bydlel gymnazijní profesor pan Mühlwenzel.
 5. _____ půlnoc.
 6. Pak _____ od okna.
 7. Vzal nejbližší krabici a _____ z ní kamínky.

10. Diskutujte po čtení.
 1. Proč lidé říkali panu Rybářovi „Hastrman"?
 2. Proč pan Rybář sbíral kameny?
 3. Co říkali lidé, když viděli pana Rybáře jít s krabicí?
 4. Jaká je hlavní myšlenka povídky?

11. Pište.
 1. Představte si, že jste pan Šajvl a vypravujete manželce o tom, co se stalo.
 2. Představte si, že profesor řekl panu Rybářovi, že jeho kameny jsou velmi drahé a že je milionář. Co by asi pan Rybář dělal? Jak by tuto zprávu přijali lidé na Malé Straně?

SLOVNÍČEK ■

slovníček | Povídky malostranské 55

ZKRATKY A SYMBOLY · ABBREVIATIONS AND SYMBOLS · ABKÜRZUNGEN UND SYMBOLE · СОКРАЩЕНИЯ И СИМВОЛЫ

*	verbs with stem changes in the present tense conjugation (-E conjugation), e.g. **číst***, **čtu** to read, I read	Verb mit unregelmäßiger Konjugation (z.B. **číst**, **čtu** * lesen, ich lese)	глагол с изменением в корне в настоящем времени (-E спряжение), напр. **číst***, **čtu** читать, я читаю
e	the mobile -e- (e.g. **den** day, **dny** days)	bewegliches -e- (z.B. **den** der Tag, **dny** die Tage)	беглое -e- (напр. **den** день, **dny** дни)
pl.	plural	Plural (Mehrzahl)	множественное число, мн. число
pf.	perfective verb (expressing the result of an activity) or the action at a certain specific moment	Vollendetes Verb (das Ergebnis eines Vorganges oder einen bestimmten Augenblick des Vorganges ausdrückend)	глагол совершенного вида
N	nominative	Nominativ	именительный падеж, им.падеж
G	genitive	Genitiv	родительный падеж, род.падеж
D	dative	Dativ	дательный падеж, дат.падеж
A	accusative	Akkusativ	винительный падеж, вин.падеж
V	vocative	Vokativ	звательный падеж, зв.падеж
L	locative	Lokativ	предложный падеж, пред.падеж
I	instrumental	Instrumental	творительный падеж, тв.падеж
Ma	masculine animate gender	Maskulinum belebt	мужской род одушевленный
Mi	masculine inanimate gender	Maskulinum unbelebt	мужской род неодушевленный
F	feminine gender	Femininum	женский род
N	neuter gender	Neutrum	средний род

adaptovaná česká próza

ČESKY * pf.	ANGLICKY	NĚMECKY	RUSKY
a	and	und	и
aby	to, in order to	dass, damit	чтобы
adaptovaný	adapted	adaptiert, bearbeitet	адаптированный
ach	oh, ah	ach	ах
ale	but	aber	но, а
almužna	alms	Almosen	милостыня, подаяние, грош
ametyst	amethyst	Amethyst	аметист
anděl	angel	Engel	ангел
ani	neither, nor, not even, either	nicht einmal	даже, даже не
ano	yes	ja	да
arkáda	arcade, archway	Arkade	аркада
asi	perhaps, probably	etwa, ungefähr	наверно, примерно
aspoň	at least	wenigstens	хотя бы
ať	let, may	damit	пусть
autor	author	Author	автор
až	when + *future tense*, until, up to, as far as	bis, wenn	когда, до, прямо, просто, кроме
bába	old woman	(altes) Weib	баба
balada	ballad	Ballade	баллада
balkon	balcony	Balkon	балкон
barva	colour	Farbe	цвет
báseň	poem	Gedicht	стихотворение
bát se, bojím se + G	to fear, I fear, to be afraid, I am afraid,	sich fürchten, ich fürchte mich (vor)	бояться, я боюсь
během	during	während	в течение
bez, beze + G	without	ohne	без
bezdětný	childless	kinderlos	бездетный
běžet	to run	laufen, rennen	бежать
běžně	routinely, commonly	üblich, gewöhnlich	обычно
biliár	billiards	Billard	бильярд
bílý	white	weiß	белый
blázen	fool, madman	Narr, Tor	сумасшедший
bledý	pale	blass	бледный
blesk	flash of lightning	Blitz	молния, вспышка
blízký	close	nah	близкий

slovníček | Povídky malostranské

ČESKY * pf.	ANGLICKY	NĚMECKY	RUSKY
blíž	closer	näher	ближе
blížit se	to approach	nahen, sich nähern	приближаться
bohatství	wealth, richness	Reichtum	богатство
bohatý	rich	reich	богатый
bohužel	unfortunately	leider	к сожалению
bouřka	storm	Gewitter	гроза
Bože viz Bůh	God! see God	um Gottes willen!, du meine Güte! siehe Gott	Боже! см. Бог
boží	godly, divine	Gottes...	божий
brada	chin	Kinn	подбородок
brána	gate	Tor	ворота
brát*, beru	to take, I take	nehmen, ich nehme	брать, я беру
bratr	brother	Bruder	брат
brzy	soon	bald	рано, скоро
Bůh	God	Gott	Бог
bydlet	to live	wohnen	жить
byt	flat, apartment	Wohnung	квартира
být	to be	sein	быть, существовать
celý	whole, all	ganz	весь
cena	price, value	Preis	цена
cestovat	to travel	reisen	путешествовать
cítit	to feel, to smell	fühlen, empfinden	чувствовать
cizinec	stranger, foreigner	Fremder, Ausländer	иностранец
co	what	was	что
cop	plait, braid	Zopf	коса
copak	what	was denn	неужели, разве, что, куда там
cože	what	was (denn)	что, что же, что-что
cti viz čest	see čest	siehe Ehre	чести см. честь
čarodějnice	witch	Hexe	ведьма, колдунья
čarovat	to perform magic	hexen, zaubern	колдовать
čas	time	Zeit	время
časopis	magazine, journal	Zeitschrift	журнал
častěji	more often	öfter, häufiger	чаще
často	often	oft	часто
čekat	to wait	warten	ждать
čelo	forehead	Stirn	лоб
čepice	cap	Mütze	кепка, шапка

adaptovaná česká próza

ČESKY * pf.	ANGLICKY	NĚMECKY	RUSKY
černý	black	schwarz	черный
červen	June	Juni	июнь
červený	red	rot	красный
červnový	June adj.	Juni...	июньский
český	Czech	tschechisch, böhmisch	чешский
čest	honour	Ehre	честь
čím viz co	with what see co	womit, siehe was	чем см. что
číslo	number	Zahl	номер, число
čistě	purely, cleanly	rein Adv.	чисто
čistota	purity, cleanliness	Reinheit, Sauberkeit	чистота
člověk	person	Mensch	человек
človíček	little person	Menschlein	человечек
čtenář	reader	Leser	читатель
čtrnáctý	fourteenth	r, e, s vierzehnte	четырнадцатый
čtvrthodina	quarter of an hour	Viertelstunde	четверть часа
čtyři	four	vier	четыре
čtyřicet	forty	vierzig	сорок
dál	further, farther	weiter, ferner	дальше
dálka	distance	Weite, Ferne	расстояние, даль
další	another, further, extra	weiter, nächst	следующий
darebák	rogue, rascal	Lump, Schurke, Spitzbub	негодяй, плут, подлец
dařit se	to succeed	(gut) gehen	удаваться
dát pf.	to give, to put	geben, stellen	дать
dav	crowd	Menge	толпа
dávat	to give, to put	geben, stellen	давать
dcera	daughter	Tochter	дочь
dcerka	little daughter	Töchterchen, -lein	дочурка
dědeček	grandfather	Großvater	дедушка
dědictví	heritage, legacy	Erbe, Erbschaft	наследство
dech	breath	Atem	дыхание
děj	action, plot	Handlung, Vorgang	действие, событие
děkovat	to thank	danken	благодарить
dělat	to do, to make	machen, tun	делать
déle	longer	länger	дольше
démant	diamond	Diamant	бриллиант
den	day	Tag	день

slovníček | Povídky malostranské 59

ČESKY * pf.	ANGLICKY	NĚMECKY	RUSKY
deset	ten	zehn	десять
deska	plaque, board	Tafel, Platte	доска, пластинка, плита
děti	children	Kinder	дети
devět	nine	neun	девять
devětkrát	nine times	neunmal	девять раз
díky + D	thanks to	dank	благодаря, спасибо
dílo	work	Werk	дело, работа, произведение
dítě	child	Kind	ребенок
divadelní	theatrical	Theater...	театральный
dívat se	to look	schauen, sehen	смотреть
dívka	girl	Mädchen	девушка
divný	strange, odd	merkwürdig, komisch, sonderbar	странный
dlouho	long	lange	долго
dnes	today	heute	сегодня
dneska	today	heute	сегодня разг.
do + G	to, into	in + Akk., bis	до, в
doba	time, period	Zeit	период, время
dobrák	good-natured person	gutmütiger Mensch	добряк, добрая душа
dobrý	good	gut	хороший
dobře	well	gut Adv.	хорошо
dodat pf.	to add	hinzufügen	дополнить, добавить
dohrát*, dohraju pf.	to finish playing, I'll finish playing	zu Ende spielen, ich spiele zu Ende	доиграть, я доиграю
dohromady	together	zusammen	вместе, слитно, итого, сообща
dojatý	moved, touched	gerührt, ergriffen, bewegt	растроганный, умиленный, взволнованный
dojít*, dojdu pf.	to go to (a limit)	holen, gehen bis zu, ich hole, ich gehe bis zu	дойти, я дойду
dokonce	even	sogar	даже
doktor	doctor	Arzt, Doktor	врач, доктор
dole	down, below location	unten	внизу

adaptovaná česká próza

ČESKY * pf.	ANGLICKY	NĚMECKY	RUSKY
dolů	down(stairs), below *motion*	nach unten, runter	вниз
doma	at home *location*	zu Hause	дома
domácí	domestic, house *adj.*	Haus..., Hausherr	домашний, местный
domovní	house *adj.*	Haus...	домовый
domů	home *motion*	nach Hause	домой
dost	enough	genug	достаточно
dostat*, dostanu *pf.*	to get, I'll get, to receive, I´ll receive	bekommen, erhalten, ich bekomme	получить, я получу
doufat	to hope	hoffen	надеяться
dovědět se *pf.*	to find out	erfahren	узнать
dovést*, dovedu *pf.*	to take, I'll take to lead I´ll lead	führen, bringen, ich führe	суметь, я сумею
dozvědět se *pf.*	to find out	erfahren	узнать
drahý	dear, expensive	teuer	дорогой
drobné	small change	Kleingeld	мелочь
drsný	rough, hoarse	rauh	грубый, суровый, шершавый
druhý	second	r, e, s zweite	второй
držet	to hold	halten	держать
dřív	earlier, sooner	früher, eher	раньше
dům	house	Haus	дом
důstojník ✓	officer	Offizier	офицер
duše	soul	Seele	душа
dva	two	zwei	два
dvacet	twenty	zwanzig	двадцать
dveře	door	Tür	двери, дверь
dýchat	to breathe	atmen	дышать
erotika	erotica	Erotik	эротика
etika	ethics	Ethik	этика
farář ✓	vicar, priest	Pfarrer	священник, поп
fejeton	feuilleton, column	Feuilleton	фельетон
figurka	figure, figurine	Figur	фигурка
forma	form	Form	форма
funus	funeral	Begräbnis	похороны
generace	generation	Generation	поколение
gymnazijní	grammar school *adj.*	Gymnasial...	гимназический
had	snake	Schlange	змея

slovníček | Povídky malostranské

ČESKY * pf.	ANGLICKY	NĚMECKY	RUSKY
hádat	to guess	raten, streiten	гадать, отгадывать, строить догадки
halíř	heller	Heller	геллер
hastrman	water sprite	Wassermann	водяной
hezky	nicely	schön Adv.	красиво, хорошо
hezký	nice	schön	красивый
hladký	smooth	glatt	гладкий
hlas	voice	Stimme	голос
hlasitě	noisily	laut Adv.	громко
hlasitěji	more noisily	lauter	громче
hlava	head	Kopf	голова
hlavička	little head	Köpfchen	головушка
hledat	to look for	suchen	искать
hledět	to look at	(an)sehen,-schauen	глядеть, смотреть
hloupý	stupid	dumm	глупый
hned	immediately	gleich	сразу
hnědý	brown	braun	коричневый
ho viz on	him see on	ihn siehe er	его см. он
hodinky	watch	(Taschen)Uhr, Armbanduhr	часы, часики
hodiny	clock	Uhr	часы
hodit pf.	to throw	werfen	бросить
honem	quickly, fast	schnell, geschwind	быстро, мигом, скорее, немедленно
honorace	dignitaries	Honoratioren	элита, верхушка
horlivě	fervently, eagerly	eifrig Adv.	усердно, рьяно
hospoda	tavern, pub, inn	Gasthaus, Wirtshaus, Kneipe	трактир
hospodský	landlord, publican, innkeeper	Gastwirt	трактирщик
hospodyně	female housekeeper, housewife	Haushälterin	хозяйка
hostinec	tavern, pub	Gasthof	заездный дом, трактир
hostinský	landlord, publican, innkeeper	Gast..., Gastwirt	трактирщик
hotel	hotel	Hotel	гостиница
hra	game, play	Spiel	игра, пьеса
hrob	grave	Grab	могила, гроб
hrom	thunder	Donner	гром, черт
hrozen	bunch of grapes	Traube	виноград, кисть, гроздь

ČESKY * pf.	ANGLICKY	NĚMECKY	RUSKY
hřbitov	graveyard	Friedhof	кладбище
hubený	thin	mager, dünn	худой
hučet	to roar	brausen, sausen	шуметь, гудеть, рокотать
hudba	music	Musik	музыка
hustý	thick	dicht	густой, плотный, неприятный
hvězda	star	Stern	звезда
hvízdnout* hvízdnu pf.	to whistle, I'll whistle	pfeifen, ich pfeife	свистнуть, я свистну
hvízdnutí	whistling	Pfiff	свист
chalcedon	chalcedony	Chalzedon	халцедон
chléb, chleba	bread	Brot	хлеб, хлеба
chlubit se	to boast	prahlen, angeben	хвастать(ся)
chodit	to walk	gehen	ходить
chovat se	to behave	sich verhalten, sich benehmen	вести себя
chránit	to protect	schützen	защищать
chtít	to want	wollen	хотеть
chudák	poor fellow	armer Mensch/ Kerl	бедняк, бедняга
chudý	poor	arm	бедный
chuť	taste	Appetit	вкус
chutnat	to taste	schmecken	нравиться о еде, быть вкусным
chvět se	to tremble	zittern	дрожать
chvíle	while, time	Weile	минута
i	and, and even	und, auch, sowie	и
ironie	irony	Ironie	ирония
já	I	ich	я
jablko	apple	Apfel	яблоко
jak	as, how	wie	как
jakmile	as soon as	sobald	как только
jako	as, like	wie, als	как
jaký	what kind of	was für ein	какой
jaro	spring	Frühjahr, Frühling	весна
jasný	clear, bright	klar	ясный, светлый
jaspis	jasper	Jaspis	яшма
jazyk	language, tongue	Zunge	язык
jé	oh, wow	oh, ach, sieh	ой
je *viz* oni/ony/ona	them *see* oni/ony/ona	sie *siehe* oni/ony/ona	их *см.* они, она

slovníček | Povídky malostranské 63

ČESKY * pf.	ANGLICKY	NĚMECKY	RUSKY
ječet	to howl, to shriek	kreischen, heulen	верещать, кричать
jed	poison	Gift	яд
jeden	one	ein	один
jedenáct	eleven	elf	одиннадцать
jediný	only, single	einzig	единственный
jednorožec	unicorn	Einhorn	единорог
jednou	once	einmal	однажды
jeho	his	sein	его
její	her	ihr	ее
jejich	their	ihr *Pl.*	их
jemný	soft, subtle	fein, zart	нежный
jemu *viz* on	to him *see* on	ihm *siehe* on	ему *см.* он
jen, jenom	only	nur	только
jestli	if	wenn	если
ještě	still, yet	noch	еще
jet	go, travel	fahren	ехать
jez	weir, barrage, dam	Wehr	плотина, запруда
jezdit	to go, to travel	fahren	ездить
ji *viz* ona	her *see* ona	sie *siehe* ona	ее *см.* она
jí *viz* ona	to her *see* ona	ihr *siehe* ona	ей *см.* она
jídlo	food	Essen	еда, блюдо
jim *viz* oni/ony/ona	to them *see* oni/ony/ona	ihnen *siehe* oni/ony/ona	им *см.* они, она
jinak	otherwise	anders	по-другому
jinam	somewhere else	woandershin	в другое место
jiný	other, another	r andere	другой
jiskra	spark	Funke	искра
jít	to go	gehen	идти
jméno	name	Name	имя
jmenovat se	to be called	heißen	зваться, называться, именоваться
k, ke + D	to, towards	zu	к
kabát	coat	Mantel	пальто
kalhoty	trousers	Hose	брюки
kamarádka	female friend, mate	Freundin	подруга
kámen	rock, stone	Stein	камень
kamínek	stone, flint	Steinchen	камушек
kancelář	office	Büro, Kanzlei	офис

64 adaptovaná česká próza

ČESKY * pf.	ANGLICKY	NĚMECKY	RUSKY
kasárny, kasárna	barracks	Kaserne	казармы, казарма
kašna	fountain	Brunnen	фонтан
káva	coffee	Kaffee	кофе
kavárna	cafe	Café, Kaffeehaus	кафе
kazisvět	spoiler	Allesverderber	вандал
kazit	to spoil, to ruin	verderben	портить
každý	each, every	jeder	каждый
kde	where	wo	где
kdo	who	wer	кто
kdoví	who knows	wer weiß	кто (его, ее) знает
kdyby	if	wenn, falls	если бы
když	when, as, if	als, wenn	если, когда
klenot	gem, jewel	Juwel, Kleinod	драгоценность, сокровище
klesnout*, klesnu pf.	to drop, I'll drop, to sink, I´ll sink	sinken, ich sinke	опуститься, осесть, падать, я упаду
klíč	key	Schlüssel	ключ
klid	peace, quiet	Ruhe	спокойствие
klidně	peacefully, quietly	ruhig Adv.	спокойно
klobouk	hat	Hut	шляпа
kluZk	lad	Junge, Knabe	мальчик
kněz	priest	Priester	священник
kniha	book	Buch	книга
knoflík	button	Knopf	пуговица
kočár	coach	Wagen	коляска, повозка
kočka	cat	Katze	кошка
koktat	to stammer	stottern	заикаться
kolega	colleague	Kollege	коллега
kolem + G	around, round	(an)... vorbei, um... herum	мимо, вокруг
koleno	knee	Knie	колено
kolik	how much/many	wieviel	сколько
kolo	wheel	Rad	велосипед, колесо
komický	funny, comic, humorous	scherzhaft, komisch	комический, смешной
komisariát	commissariat, police station	Kommissariat	комиссариат
komisař	superintendent	Kommissar	комиссар
koncem + G	at the end of	Ende Präp.	в конце
konečně	finally, at last	endlich	наконец (то)

slovníček | Povídky malostranské

ČESKY * pf.	ANGLICKY	NĚMECKY	RUSKY
konflikt	conflict	Konflikt	конфликт
konvice	jug, kettle, tea pot	Kanne	чайник
kosmický	cosmic	kosmisch	космический
kost	bone	Knochen, Bein	кость
kostel	church	Kirche	костел
kostnatý	bony	knochig	костлявый, костистый
košile	shirt	Hemd	рубашка
koště	broom	Besen	метла
koupit pf.	to buy	kaufen	купить
kouřit	to smoke	rauchen	курить
kousek	piece	Stück, Stückchen	кусок
krabice	box	Schachtel	коробка
krabička	little box	kleine Schachtel	коробочка
kráčet	to walk, to step	schreiten	шагать, ступать
král	king	König	король
královna	queen	Königin	королева
krása	beauty	Schönheit	красота
krásnooký	with beautiful eyes	schönäugig	с красивыми глазами
krásný	beautiful	schön	красивый
kritika	criticism	Kritik	критика
krok	step	Schritt	шаг
křičet	to shout, to cry	schreien	кричать
který	which	welcher, Relpron. der/die/das	который, какой
kulatý	round	rund	круглый
kus	piece	Stück	кусок, штука
květ	flower	Blüte	цветок, цвет
květen	May	Mai	май
květina	flower	Blume	цветок
kvůli + D	due to, because of	wegen	из-за, благодаря
kývnout* kývnu pf.	to nod, I'll nod	nicken, ich nicke	кивнуть, я кивну
labuť	swan	Schwan	лебедь
láska	love	Liebe	любовь
léčení	treatment, cure	Behandlung, Kur	лечение
lékař	doctor	Arzt	врач
lepit	to stick	kleben	лепить, клеить
lepší	better	besser	более хороший
let G. pl. viz rok	year see rok	Jahre siehe rok	лет см. год

adaptovaná česká próza

ČESKY * pf.	ANGLICKY	NĚMECKY	RUSKY
létat	to fly	fliegen	летать
letní	summer	Sommer..., sommerlich	летний
lev	lion	Löwe	лев
levný	cheap	billig	дешевый
ležet	to lie	liegen	лежать
líbit se	to be to sb's taste, to like	gefallen	нравиться
lidé	people	Menschen	люди
lidský	human *adj.*	menschlich	человеческий
lilie	lily	Lilie	лилия
liška	fox	Fuchs	лиса
literární	literary	literarisch	литературный
literatura	literature	Literatur	литература
litovat	to regret, to be sorry	bedauern	жалеть
lucerna	lantern	Laterne	фонарь
majetek	property	Besitz, Eigentum	имущество
májový	May *adj.*	Mai...	майский
malebný	picturesque	malerisch	живописный
malostranský	Little Quarter *adj.*	Kleinseitner	малостранский *прил. от* Мала Страна
malý	small, little	klein	маленький, малый
manžel	husband	Ehemann, Gatte	супруг, муж
manželka	wife	Ehefrau, Gattin	супруга, жена
máslo	butter	Butter	масло
matematik	mathematician	Mathematiker	математик
matka	mother	Mutter	мать
mě *viz* já	me *see* já	mich *siehe* já	меня *см.* я
meč	sword	Schwert	меч, шпага
medvěd	bear	Bär	медведь
medvídek	little bear	Bärchen	медвежонок
měkký	soft	weich	мягкий
měsíc	month, moon	Monat, Mond	луна, месяц
město	town, city	Stadt	город
mezi + A, I	between, among	zwischen	между, среди
mi *viz* já	to me *see* já	mir *siehe* já	мне *см.* я
míjet	to pass	vorbeigehen, vergehen	миновать

slovníček | Povídky malostranské

ČESKY * pf.	ANGLICKY	NĚMECKY	RUSKY
milionkrát	a million times	Millionen Mal, millionenfach	миллион раз
miliónový	million adj.	Millionen...	миллионный
milovat	to love	lieben	любить
milý	dear	lieb	милый, приятный
mimo + A	outside, beyond	außerhalb	вне, мимо, вокруг
minout*, minu pf.	to pass, I'll pass	vorbeigehen, ich gehe vorbei, vergehen, es vergeht	миновать, я миную
minuta	minute	Minute	минута
místnost	room	Raum, Zimmer	помещение
místo	place	Platz, Ort, Stelle	место
místo + G	instead of	(an)stelle, (an)statt	вместо
mizina	rack and ruin	Elend, Not ruinieren	разорение
mladík	young man, youngster	Jüngling, junger Mann	юноша, молодой человек
mladší	younger	jünger	младший
mladý	young	jung	молодой
mlčet	to be silent	schweigen	молчать
mlčky	silently	schweigend	молча
mlékařka	dairy maid	Milchfrau, Milchhändlerin	молочница
mléko	milk	Milch	молоко
mlha	fog, mist	Nebel	туман
mluvit	to speak	sprechen	говорить
mně viz já	me see já	mir, mich siehe já	меня, мне см. я
moc	many, much, very	viel(e)	очень, власть
moct	to be able	können, imstande sein	мочь
moderní	modern	modern	современный
modrat	to turn blue	blau werden	синеть
modrý	blue	blau	синий, голубой
mokrý	wet, damp	nass	мокрый
moldavit	moldavite	Moldavit	молдавит, влтавин
monotónně	monotonously	monoton Adv.	монотонно
moře	sea	Meer, e See	море
most	bridge	Brücke	мост
mrak	cloud	Wolke	туча
mrazivý	icy, frosty	frostig	морозный
mrtvý	dead	tot	мертвый

ČESKY * pf.	ANGLICKY	NĚMECKY	RUSKY
mše	mass	Messe	месса, литургия
mu *viz* on/ono	to him/it *see* on/ono	ihm *siehe* on/ono	ему *см.* он/оно
muset	to have to	müssen	быть должным, обязанным
muž	man	Mann	мужчина, муж
mužský	male, manly, masculine	männlich	мужской
my	we	wir	мы
myslet	to think	denken, meinen, glauben	думать
na + A, L	to, on, at	auf, an	на
nad + A, I	over, above	über	над
naděje	hope	Hoffnung	надежда
nádherný	magnificent, marvellous, superb	herrlich, prachtvoll	великолепный
náhodou ✓	by chance	zufällig	случайно
nahoru	up, up to, upstairsmotion	nach oben, rauf	наверх, вверх
najednou	suddenly	auf einmal	вдруг
najít*, najdu *pf.*	to find, I'll find	finden, ich finde	найти, я найду
nakonec	finally, ultimately	schließlich	наконец, в конце
nálada	mood	Stimmung, Laune	настроение
nám *viz* my	to us *see* my	uns *siehe* wir	нам *см.* мы
náměstí	square	Platz	площадь
například	for example	zum Beispiel	например
narodit se *pf.*	to be born	geboren werden	родиться
narození	birth	Geburt	рождение
naříkat	moan, complain	jammern	плакать, ныть
nás *viz* my	us *see* my	uns *siehe* wir	нас *см.* мы
nasbírat *pf.*	to collect, to gather	sammeln	насобирать
náš	our	unser	наш
natáhnout *, natáhnu *pf.*	to stretch, I'll stretch	ausstrecken, ich strecke aus	натянуть, завести, втянуть, я натяну
navíc	moreover, in addition to	darüber hinaus, überdies	более того
ne	no, not	nein	нет
ně *viz* oni/ony/ona	them *see* oni/ony/ona	sie *siehe* oni/ony/ona	них, их *см.* они/она

slovníček | Povídky malostranské

ČESKY * pf.	ANGLICKY	NĚMECKY	RUSKY
nebe	sky, heaven	Himmel	небо
nebo	or	oder	или
nebožtík	the deceased	r Verstorbene, Selige	покойник
něco	something, anything	etwas	что-то
neděle	Sunday	Sonntag, Sonntags...	воскресенье
nedělní	Sunday adj.	Sonntag, Sonntags...	воскресный
něho viz on/ono	him see on/ono	ihn/es siehe on/ono	него, его см. он/оно
nechat pf.	to leave, to let	lassen	оставить
něj viz on/ono	him see on/ono	ihn/es siehe on/ono	его см. он/оно
nějaký	a, an, some, any	(irgend)ein	какой-то
nejbližší	the nearest ones	r, e, s nächste	самый близкий
nejdřív	first, at first	zuerst, zunächst	раньше всего, сначала
nejkrásnější	the most beautiful	schönste	самый красивый
nejlepší	the best	beste	самый лучший
nejrozumnější	the most reasonable, the most sensible	vernünftigste	самый разумный
nejspíš	most probably	am ehesten, höchstwahrscheinlich	скорее всего
nejstarší	the oldest, the eldest	älteste	самый старый, самый древний
nejvíc	the most	am meisten	больше всего
nejznámější	the best known, the most famous	bekannteste	самый известный
někam	somewhere motion	irgendwohin	куда-нибудь, куда-то
někde	somewhere	irgendwo	где-то
někdo	someone, anyone	jemand, irgendwer	кто-то
několik	several, some, a few	einige, ein paar	несколько
něm viz on/ono	him see on/ono	ihn/es siehe on/ono	нём см. он/оно
německy	in German	deutsch Adv.	по-немецки
německý	German adj.	deutsch	немецкий
nemocný	ill, sick	krank	больной
němu viz on/ono	to him see on/ono	ihm siehe on/ono	нему см. он/оно
nepovedený	unsuccessful	misslungen, missraten	неудавшийся

adaptovaná česká próza

ČESKY * pf.	ANGLICKY	NĚMECKY	RUSKY
nepřátelství ✓	enmity, hostility	Feindschaft	вражда
nepřítel	enemy, foe	Feind	враг
neslušný	improper, rude	unanständig	неприличный
nesmiřitelný ✓	irreconcilable	unversöhnlich	непримиримый
nesmysl	nonsense	Unsinn	глупость
nést, nesu	to carry, I'll carry	tragen, ich trage	нести, я несу
neštěstí	misfortune	Unglück	несчастье
neteř	niece	Nichte	племянница
nevelký	rather small	ziemlich klein	небольшой
nevinnost	innocence	Unschuld	невинность
nevýslovný	unspeakable, unutterable	unsagbar, unsäglich	невыразимый, неописуемый
neznámý	unknown	unbekannt	незнакомый
než	than	als	чем, прежде чем
ni *viz* ona	her *see* ona	sie *siehe* ona	ее *см.* она
ní *viz* ona	to her *see* ona	ihr *siehe* ona	ней *см.* она
nic	nothing	nichts	ничто
nich *viz* oni/ony/ona	of them *see* oni/ony/ona	sie *siehe* oni/ony/ona	них *см.* они/она
nikdo	nobody	niemand	никто
nikdy	never	nie(mals)	никогда
ním *viz* on/ono	him, it *see* on/ono	ihm *siehe* on/ono	ним, им *см.* он/оно
nimi *viz* oni/ony/ona	them *see* oni/ony/ona	ihnen *siehe* oni/ony/ona	ними *см.* они/она
no	well	na, ja	ну, ну да, ага
noc	night	Nacht	ночь
nos	nose	Nase	нос
nosit	to carry, to wear, to bear	tragen	носить
noviny *pl.*	newspaper	Zeitung	газета, газеты
nový	new	neu	новый
o + A, L	about	über, von, um	о, во время
oba	both	beide	оба
občas	from time to time, occasionally	ab und zu, mitunter	иногда
obdivovat	to admire	bewundern	восхищаться
oběd	dinner, lunch	Mittagessen	обед
obchod	shop, store, business	Geschäft, Handel	магазин

slovníček | Povídky malostranské

ČESKY * pf.	ANGLICKY	NĚMECKY	RUSKY
obchodní	commercial, business adj.	geschäftlich, Handels...	торговый
obchodník	merchant, trader, businessman	Geschäftsmann, Händler	торговец, бизнесмен
objednat pf.	to order	bestellen	заказать
objevit se pf.	to appear	erscheinen	появиться
oblečený	dressed	angezogen, angekleidet	одетый
oblékat se	to dress	sich anziehen, ankleiden	одеваться
obléknout se*, obléknu se pf.	to dress, I'll dress	sich ankleiden, ich kleide mich an, sich anziehen, ich ziehe mich an	одеться, я оденусь
oblíbený	popular	beliebt	любимый
obličej	face	Gesicht	лицо
obrátit pf.	to turn	wenden, umdrehen	повернуть
obrátit se pf.	to turn round	sich umdrehen, umkehren	повернуться
obrázek	little picture	Bild	картинка
obvykle	usually	gewöhnlich, üblich Adv.	обычно
obvyklý	usual	gewöhnlich, üblich	обычный, обыкновенный
obyčejný	common, ordinary	gewöhnlich, üblich, gemein	обычный, обыкновенный
oči	eyes	Augen	глаза
od + G	from, since	von, seit	от, с, из
odejít*, odejdu pf.	to leave, I'll leave	fort/weggehen, ich gehe fort/weg	уйти, я уйду
odměna	reward	Belohnung, Entlohnung	премия, награда
odnést pf., odnesu	to take away, I´ll take away	forttragen, ich trage for	унести, унесу
odpolední	afternoon adj.	Nachmittags...	послеобеденный
odpovědět pf.	to answer	antworten	ответить
odpovídat	to answer	antworten	отвечать
odstupovat	to withdraw, step back	zurücktreten	отступать, отодвигаться, отказываться
okamžik	moment	Augenblick	секунда, момент, мгновение
okno	window	Fenster	окно

adaptovaná česká próza

ČESKY * pf.	ANGLICKY	NĚMECKY	RUSKY
oko	eye	Auge	глаз
omdlít pf.	to faint	ohnmächtig/ bewusstlos werden	потерять сознание
on	he	er	он
ona	she	sie	она
oni	them	sie	они
opakovat	to repeat	wiederholen	повторять
opět	again	wieder	снова, опять
opravdový	real, true	echt, wirklich	настоящий
opravdu	really, indeed	wirklich	действительно
opuštěný	deserted	verlassen	покинутый
orel	eagle	Adler	орел
orientace	orientation	Orientierung	ориентация
osm	eight	acht	восемь
osmnáctiletý	eighteen-year-old	achtzehnjährig	восемнадцати-летний
osobní	personal	persönlich	личный
ostatní	the others, other ones	die übrigen	остальной, другой
ostuda	shame, disgrace	Schande	позор, стыд
otáčet	to turn	wenden, umdrehen	поворачивать
otázka	question	Frage	вопрос
otec	father	Vater	отец
otevřený	open, opened	offen, geöffnet	открытый
otevřít pf.	to open	öffnen	открыть
otočit pf.	to turn	wenden, umdrehen	повернуть
ovládnout*, ovládnu pf.	to gain control, I'll gain control	beherrschen, ich beherrsche	завладеть, овладеть
oženit se pf.	to marry, to get married only men	heiraten Mann	жениться
pacient	patient	Patient	пациент
padesátnice √	fifty-year-old woman	Fünfzigjährige	пятидесятилетняя женщина
pak	then	dann, nachher	потом
pamětní	commemorative	Gedenk..., Denk...	памятный
pan, pán	Mr, Sir, gentleman	Herr (Anrede), Herr	пан, господин
Pánbůh	Lord God	Herrgott	Господь Бог
paní	Mrs, lady	Frau	госпожа, пани
pár	couple	Paar	пара, два, двое

slovníček | Povídky malostranské

ČESKY * pf.	ANGLICKY	NĚMECKY	RUSKY
pár	several	ein paar, einige	несколько, парочка
parádní	for show, ceremonial	Parade...	парадный
pečeně	roast meat	Braten	жаркое
peklo	hell	Hölle	ад
pěkně	finely, nicely	schön, nett *Adv.*	красиво
peníz	coin	Münze, Geldstück	денежка, монета
penzista	pensioner, retired person	Altersrentner, Pensionär	пенсионер
péro	feather, pen	Feder	ручка
pět	five	fünf	пять
petřínský	Petřín *adj.*	Petřín...	петршинский *прил.* от Петршины
pevný	firm, solid	fest	крепкий, жесткий
píseň	song	Lied	песня
pivo	beer	Bier	пиво
pivoňka	peony	Pfingstrose	пион
placatý	flat	flach	плоский
plakat	to weep	weinen	плакать
plíce	lungs	Lunge	легкие
plný	full	voll	полный
po + A, L	after, up to	...lang, nach	после
poctivý	honest, fair	ehrlich	добросовестный, честный
počasí	weather	Wetter	погода
pod + A, I	under	unter	под
podávat	to give, to present, to pass	reichen	подавать
poděkovat *pf.*	to thank	danken	поблагодарить
podívat se *pf.*	to look	sehen, schauen	посмотреть
podivný	strange, odd	sonderbar, seltsam	странный, подозрительный
podkova	horse shoe	Hufeisen	подкова
podlaha	floor	Fußboden	пол
podruhé	for a second time	s zweite Mal, s nächste Mal	во второй раз
poetický	poetic	poetisch	поэтический
pohádkový	fairy tale *adj.*	märchenhaft, Märchen...	сказочный
pohled	view	Ansicht	вид, открытка

adaptovaná česká próza

ČESKY * pf.	ANGLICKY	NĚMECKY	RUSKY
pohřeb ✓	funeral, burial	Begräbnis	похороны, погребение
pohřební ✓	funeral *adj.*	Begräbnis...	похоронный
pojmenovaný	named	benannt	названный
poklad	treasure	Schatz	сокровища, клад
pokládat	to put, to lay, to consider	halten für, betrachten als	класть, помещать, считать, полагать
pokoj	room	Zimmer	комната
pokračovat	to go on, to continue	fortfahren, fortsetzen, weitermachen	продолжать
pokrytý	covered	bedeckt	покрытый, закрытый, захваченный, охваченный
poledne	noon	Mittag	полдень
polévka	soup	Suppe	суп
policajt	policeman	Polizist	полицейский, мент
policejní	police *adj.*	Polizei...	полицейский прил.
policie	police	Polizei	полиция
polít*, poliju *pf.*	to pour, I'll pour	be/übergießen, ich be/übergieße	полить, я полью
politý	poured	begossen	политый
polknout*, polknu *pf.*	to swallow, I'll swallow	(ver)schlucken, ich (ver)schlucke	проглотить, я проглочу
položit *pf.*	to put	legen	положить
pomáhat	to help	helfen	помогать
pomalu	slowly	langsam *Adv.*	потихоньку, медленно
pomalý	slow	langsam	медленный
pomlouvat	to slander	verleumden	оговаривать, сплетничать
pomoct*, pomůžu *pf.*	to help, I'll help	helfen, ich helfe	помочь, я помогу
pomyslet si *pf.*	to think	sich etwas vorstellen, denken	подумать
poprvé	for the first time	zum ersten Mal	в первый раз
populární	popular	beliebt	популярный
porod ✓	birth	Geburt	роды

slovníček | Povídky malostranské

ČESKY * pf.	ANGLICKY	NĚMECKY	RUSKY
pořád	always	immer, fortwährend	все время, постоянно
posadit se *pf.*	to sit down	sich setzen	сесть
poslední	last	letzter	последний
postavit *pf.*	to place	aufstellen	поставить, построить
postavit se *pf.*	to stand	sich hinstellen	занять место, встать, заступиться
potkat *pf.*	to meet	begegnen, treffen	встретить
potkávat	to meet	treffen	встречать
potom	then	dann, danach	потом
potřebovat	to need	brauchen, benötigen	потребовать, нуждаться
pouhý	mere	bloß *Adj.*	один, простой, только лишь, всего лишь
používat	to use	benutzen	использовать
považovat ✓	to consider	halten für, betrachten als	считать
povídat	to talk	erzählen	рассказывать
povídka	tale	Erzählung	рассказ, повесть
později	later	später	позже, попозже
pozor	attention	Achtung	внимание
požehnání	blessing	Segen	благословение
pracně	laboriously	mühsam *Adv.*	трудоемко
pracovat	to work	arbeiten	работать
praktický	practical	praktisch	практичный, практический
právě	just, actually	gerade, eben	как раз
pravit *pf.*	to say	sagen	говорить
pravý	right, genuine	recht, echt, wahr	правый, настоящий
praxe	practice, experience	Praxis	практика
pražský	Prague *adj.*	Prager	пражский
pro + A	for	für	для
proběhnout*, proběhnu *pf.*	to run through, I'll run through	herumlaufen, ich laufe herum	пройти, пробежать, я пробегу
proč	why	warum	почему, зачем
prodat *pf.*	to sell	verkaufen	продать
prodávat	to sell	verkaufen	продавать
profesor	teacher, professor	Professor	профессор

adaptovaná česká próza

ČESKY * pf.	ANGLICKY	NĚMECKY	RUSKY
procházet	to walk	vorbeigehen	проходить
procházka	walk	Spaziergang	прогулка
projít*, projdu pf.	to walk, I'll walk	vorgehen, ich gehe vorbei	пройти, я пройду
promluvit pf.	to speak, to begin to speak	sprechen, reden	сказать, промолвить, выступить, поговорить
pronajmout* si, pronajmu si pf.	to rent, I´ll rent	mieten, ich miete	снять в аренду, сниму в аренду
prosím	please	bitte	прошу, пожалуйста, простите, извините
proslavit se pf.	to become famous	berühmt werden	прославиться
prostředně ✓	medium	durchschnittlich, mittelmäßig Adv.	средне, посредственно
protivný	nasty, unpleasant, disagreeable	widerwärtig	противный, неприятный
proto	therefore, that´s why, hence	deshalb, deswegen, daher	поэтому
protože	because	weil	потому что
prozaický	prosaic	prosaisch, nüchtern	прозаический
prožebrat pf.	to beg through	durchbetteln	выпросить
prožít*, prožiju pf.	to experience, I'll experience	erleben, ich erlebe, verbringen, ich verbringe	прожить, пережить, я проживу, переживу
prsa	breast, chest	Brust	грудь (только мн. ч.)
prudký ✓	sharp, abrupt, fierce	heftig, ungestüm	резкий
průvod ✓	procession	(Um)zug	процессия, шествие
první	first	erste	первый
prý	it is said, allegedly	angeblich	вроде бы, говорят
pryč	away	fort, weg	вон, прочь, отсюда
před + A, I	before, in front of, ago	vor	перед
především	above all, primarily	vor allem	прежде всего
přednost ✓	preference	Vorzug	преимущество
předpokoj	antechamber	Vorzimmer	передняя, прихожая

slovníček | Povídky malostranské

ČESKY * pf.	ANGLICKY	NĚMECKY	RUSKY
předtím	before	vorher	перед этим
přecházet	to cross	hin- und hergehen,	переходить
přejít*, přejdu pf.	to cross, I'll cross	hin- und hergehen, ich gehe...	перейти, я перейду
překvapivě	surprisingly	überraschend Adv.	на удивление
přes + A	across	über	через
přespat*, přespím pf.	to stay overnight, I'll stay overnight	übernachten, ich übernachte	переночевать, я переночую
přestat*, přestanu pf.	to stop, I'll stop	aufhören, ich höre auf	престать, я перестану
přesto	nevertheless	trotzdem	несмотря на это
přestože	although	obwohl, obgleich	хотя, несмотря на
přezdívka	nickname	Spitzname	прозвище
přežít*, přežiju pf.	to survive, I'll survive	überleben, ich überlebe	пережить, я переживу
při + L	at, while	bei	при, во время
příběh	story	Geschichte	история, случай
přiběhnout*, přiběhnu pf.	to run up, I'll run up	herbeilaufen, ich laufe herbei	прибежать, я прибегу
příbuzný	related, relative a person	Verwandter	родственник, родственный
příčina	cause	Ursache	причина
přihnat se*, přiženu se pf.	to come rushing up, I'll come rushing up	herbeistürzen, ich stürze herbei	примчаться, я примчусь
příhoda	event, incident	Geschehnis, Ereignis	случай
přicházet	to come, to approach	(an)kommen	приходить
přijet*, přijedu pf.	to come, I'll come, to arrive, I´ll arrive	(an)kommen, ich komme an	приехать, я приеду
přinášet	to bring, to fetch	bringen, holen	приносить
přinést*, přinesu pf.	to bring, I'll bring, to fetch, I´ll fetch	bringen, ich bringe, holen, ich hole	принести, я принесу
připomínat	to remind	erinnern	напоминать, вспоминать
přírodovědec	natural scientist	Naturwissenschaftler	естествоиспытатель
přísný	strict	streng	строгий
přistoupit pf.	to go to	herantreten	подойти, согласиться
přitahovat	to attract, to pull	anziehen	притягивать

adaptovaná česká próza

ČESKY * pf.	ANGLICKY	NĚMECKY	RUSKY
přítel	friend	Freund	приятель, друг
přitisknout*, přitisknu pf.	to press, I'll press	drücken ... an, ich drücke ... an	прижать, я прижму
přitom	at the same time	dabei	при этом, одновременно
přivést*, přivedu pf.	to bring, I'll bring	bringen, ich bringe	привести, я приведу
psát	to write	schreiben	писать
psychologický	psychological	psychologisch	психологический
pštros	ostrich	Strauß (Vogel)	страус
ptát se	to ask	fragen	спрашивать
půjčit pf.	to lend	leihen	одолжить
půl	half	halb	половина, пол-
půlnoc	midnight	Mitternacht	полночь
puls	pulse	Puls	пульс
pustit pf.	to leave, to let go	(los)lassen	пустить
pyšný	proud	stolz	гордый
rád	like, glad, pleased	gern, froh	люблю, с удовольствием
rada	councillor	Rat	советник, консультант
radostně	cheerfully, joyfully	freudig, vergnügt Adv.	радостно
radši, raději viz rád	rather, better see rád	lieber siehe rád	с большим удовольствием, лучше см. люблю, с удовольствием
ráj	paradise	Paradies	рай
rakev	coffin	Sarg	гроб
rameno	shoulder	Schulter	плечо
rámus	racket	Lärm	шум
ráno	early morning	r Morgen	утро
rázovitý	distinctive, original	charakteristisch	своеобразный
redaktor	editor	Redakteur	редактор
restaurace	restaurant	Restaurant	ресторан
ret	lip	Lippe	губа
rodina	family	Familie	семья
rok	year	Jahr	год
roh	corner	Ecke	угол, рог
romance	romance	Romanze	романс

slovníček | Povídky malostranské

ČESKY * pf.	ANGLICKY	NĚMECKY	RUSKY
romantický	romantic	romantisch	романтический
rozcuchaný	dishevelled	zerzaust	растрепанный
rozesmát* se, rozesměju se pf.	to burst out laughing, I'll burst out laughing	auflachen, ich lache auf	рассмеяться, я рассмеюсь
rozhodnout *, rozhodnu pf.	to decide, I'll decide	entscheiden, ich entscheide	принять решение, я приму решение
rozhovor	dialogue, conversation	Gespräch	разговор, диалог
rozplakat se*, rozpláču se pf.	to burst out crying, I'll burst out crying	zu weinen beginnen, ich beginne zu weinen	расплакаться, я расплачусь
rozpuštěný	dissolved	aufgelöst	растворенный
roztrhaný	tattered, ragged	zerrissen	разорванный
ruka	hand	Hand	рука
rukavička	glove	Handschuh	перчатка, варежка
rušit	cancel, revoke	auflösen, aufheben	устранять, мешать
růže	rose	Rose	роза
rybář	fisherman	Fischer	рыболов
rychle	quickly	schnell	быстро
řeč	speech	Rede	речь
říct*, řeknu pf.	to say, I'll say	sagen, ich sage	сказать, я скажу
říkat	to say	sagen	говорить
řvát	to roar	brüllen, schreien	кричать
s, se + I	with	mit	с
sáček	bag, sachet	Säckchen, Tüte	мешочек, пакетик
sál	hall	Saal	зал
salónek	saloon, lounge	Salon	салон
sám	alone, by oneself	allein, selbst	один, сам
samet	velvet	Samt	бархат
samý	nothing but	nichts als, lauter	сплошной
sbírat	to collect	sammeln	собирать
sbírka	collection	Sammlung	коллекция, собрание
sedět	to sit	sitzen	сидеть
sednout* si, sednu si pf.	to sit down	sich setzen, ich setze mich, Platz nehmen, ich nehme Platz	сесть, я сяду

adaptovaná česká próza

ČESKY * pf.	ANGLICKY	NĚMECKY	RUSKY
sejít*, sejdu pf.	to go down, descend	herab, runtergehen, ich gehe herab, -runter	спуститься, я спущусь
sekera	axe	Axt, Beil	топор
sestra	sister	Schwester	сестра
setkat se pf.	to meet	sich treffen	встретиться
schod	step	Treppenstufe	ступенька
síla	strength, power	Stärke, Kraft	сила
silný	strong	stark, kräftig	сильный
skandál	scandal	Skandal	скандал
skleník	greenhouse	Treibhaus, Glashaus	парник
sklo	glass	Glas	стекло
sklouznout *, sklouznu pf.	to slip, I'll slip	gleiten, rutschen, ich gleite/rutsche	соскользнуть, я соскользну
skoro	almost, nearly	fast	почти
skříň	wardrobe	Schrank	шкаф
sláva	glory	Ruhm	слава
slečna	young lady, miss	Fräulein	девушка
slibovat	to promise	versprechen	обещать
sloužit	to serve	dienen	служить
slovo	word	Wort	слово
slunce	sun	Sonne	солнце
slunečný	sunny	sonnig	солнечный
slušet	to suit	j-m stehen	идти, быть к лицу
slušně	decently	anständig Adv.	прилично, порядочно
služka	female servant, housemaid	Dienstmädchen	служанка, прислуга
slyšet	to hear	hören	слышать
slza	tear	Träne	слеза
smát* se, směju se	to laugh, to smile, I laugh, I smile	lachen, ich lache	смеяться, я смеюсь
smět, smím	to be permitted, I may	dürfen, ich darf	сметь, я могу/смею
smetana	cream	Sahne	сливки
smrt	death	Tod	смерть
smutně	sadly	traurig Adv.	грустно
smutný	sad	traurig	грустный
snad	perhaps	vielleicht	наверно, возможно

slovníček | Povídky malostranské

ČESKY * pf.	ANGLICKY	NĚMECKY	RUSKY
socha	statue	Statue	скульптура
soucit ✓	compassion, sympathy	Mitgefühl	сочувствие
soused	neighbour	Nachbar	сосед
sousedka	female neighbour	Nachbarin	соседка
spadnout*, spadnu pf.	to fall, I'll fall	fallen, ich falle	упасть, я упаду
spánek	sleep	Schlaf	сон
spokojený	satisfied	zufrieden	довольный
spolu	together	zusammen, gemeinsam	вместе
srdce	heart	Herz	сердце
srdečně	cordially	herzlich	сердечно, от всего сердца
srpen	August	August	август
srpnový	August adj.	August...	августовский
stačit	to suffice, to be enough	genügen, reichen	хватить, быть достаточным
starobylý	ancient, antique	altertümlich	старинный, древний
starší	older, elder	älter	старший, пожилой
starý	old	alt	старый
stařec	old man	alter Mann	старик
stařeček	little old man	alter Mann, altes Männlein	старичок
stát* se, stanu se pf.	to become, I'll become, to happen, it will happen,	werden, ich werde, geschehen, passieren	стать, я стану
stát, stojím	to stand, I stand	stehen, ich stehe	стоять, я стою
statný ✓	robust, sturdy	stattlich, rüstig	статный, рослый
stažený	pulled down	abgezogen	стянутый, сжатый
stejně	in the same way	gleich, genauso, sowieso Adv.	одинаково, подобно
stejný	same	gleich	одинаковый, подобный
stokrát	a hundred times	hundertmal	стократно, сто раз
století	century	Jahrhundert	век, столетие
strana	side, page	Seite	сторона, партия
strašný	terrible, awful	schrecklich	ужасный, страшный

ČESKY * pf.	ANGLICKY	NĚMECKY	RUSKY
strom	tree	Baum	дерево
strýček	uncle	Onkel	дядюшка
středa	Wednesday	Mittwoch	среда
středověk	Middle Ages	Mittelalter	средневековье
střecha	roof	Hutkrempe, Dach,	крыша
stříbrný	silver *adj.*	silbern	серебряный
stůl	table, desk	Tisch	стол
svatba	wedding	Hochzeit	свадьба
svatý	holy, saint	heilig, St.	святой
svázaný	bound, tied	zusammen-gebunden	связанный
svět	world	Welt	свет, мир
světlo	light	Licht	свет
světlý	light	hell	светлый
svíčka	candle	Kerze	свечка
svítit	to shine	leuchten, scheinen	светить
svobodný	free, single	ledig, frei	неженатый, свободный
svůj, svoje	reflexive possessive pronoun	reflexives Possessiv-pronomen	свой, свое, своя, свои возвратное притяжательное местоимение
symbol	symbol	Symbol	символ
symbolický	symbolic	symbolisch	символический
synovec	nephew	Neffe	племянник
šála	scarf	Schal	шаль, шарф
šaty *jenom pl.*	clothes	Kleid (*im Tschech. nur Pl.*)	платье (*только мн.ч.*)
šedý	grey	grau	серый, седой
šeptat	to whisper	flüstern	шептать
šero	dusk, twilight	Dämmerung	сумрачно
šest	six	sechs	шесть
šílet ✓	to be insane	wahnsinnig/verrückt sein/werden	сходить с ума
široký	wide, broad	breit	широкий
šířit	to spread	verbreiten	расширять, распространять
školní	school *adj.*	Schul...	школьный, учебный
špatný	bad	schlecht, schlimm	плохой

slovníček | Povídky malostranské

ČESKY * pf.	ANGLICKY	NĚMECKY	RUSKY
špičatý	pointed	spitz	острый, остроконечный
šťastný	happy, lucky	glücklich	счастливый
štěstí	happiness, good luck	Glück	счастье
štíhlý	slim, slender	schlank	стройный
tabáček	baccy	Tabak	табачок
tabák	tobacco	Tabak	табак
tady	here	hier, da	здесь
tajemný	secretful, mysterious	geheimnisvoll	таинственный, тайный
tak	so, like that	so	так
také, taky	also	auch	тоже, также
takový	such	so einer, solcher	такой
tam	there	dort, dorthin	там, туда
tancovat	to dance	tanzen	танцевать
tančící	dancing *adj.*	tanzend	танцующий
tančit	to dance	tanzen	танцевать
tanec	dance	Tanz	танец
teď	now	jetzt, nun	сейчас, теперь
tělo	body	Körper, Leib	тело
ten/ta/to	the, that	der, die, das, dieser, diese, dieses	этот/эта/это
tenkrát	at that time	damals	в тот раз, тогда
teplo	heat, warmth	warm *Adv.*	тепло
teplý	warm	warm	теплый
teprve	only, not before, as late as	erst	только лишь
tesknota	nostalgia, wistfulness	Wehmut,	тоскливость
těžký	heavy, difficult	schwer, schwierig	тяжелый
ticho	quiet, silence	Stille *Subst.*	тихо, тишина
tikat	to tick	ticken	тикать, постукивать
tisíc	thousand	tausend	тысяча
tiše	quietly, silently	leise, still *Adv.*	тихо
tlak	pressure	Druck	давление
tlustý	fat, thick	dick	толстый
tma	darkness	Dunkelheit, Finsternis	темнота, тьма
tmavý	dark	dunkel	темный

adaptovaná česká próza

ČESKY * pf.	ANGLICKY	NĚMECKY	RUSKY
trápit	to annoy	quälen	мучить
trest	punishment	Strafe	наказание
trh	market	Markt, Marktplatz	рынок
trochu	a little	etwas, ein bisschen, ein wenig	немного
trvat	to last	dauern	длиться
třepotat se	to flutter	zappeln, flattern	плескаться, развиваться
třetí	third	dritter	третий
tři	three	drei	три
třpytit se	to glitter, to twinkle	glänzen, glitzern, funkeln	блестеть
tvář	face	Wange, Gesicht, Antlitz	лицо, щека
týden	week	Woche	неделя
u + G	at	bei, an	возле, у
účel	purpose	Zweck	цель
učit se	to learn	lernen	учиться
udělat pf.	to do, to make	machen, tun	сделать
udýchaný	breathless	atemlos	запыхавшийся
ulice	street	Straße	улица
umět	to be able, to know how	können, verstehen zu...	уметь
umřít*, umřu pf.	to die, I'll die	sterben, ich sterbe	умереть, я умру
únorový	February adj.	Februar...	февральский
úplně	fully, completely	völlig, ganz	полностью
upravovat	to adjust, to modify	zurechtmachen	регулировать, приспосабливать, переделывать
upřeně	fixedly	unverwandt, starr Adv.	пристально
upřímně	sincerely	aufrichtig Adv.	искренне
upřímný	sincere	aufrichtig	искренний
určitý	certain	bestimmt	определенный
úředník	clerk, official	Beamter,	чиновник
úsečně	curtly, tersely	kurz und bündig Adv.	лаконично, кратко, сжато
uslyšet pf.	to hear	hören, vernehmen	услышать
usmát* se, usměju se pf.	to smile, I'll smile	lächeln, ich lächle	улыбнуться, я улыбнусь
úsměv ✓	smile	Lächeln	улыбка
usmívat se	to smile	lächeln	улыбаться

slovníček | Povídky malostranské 85

ČESKY * pf.	ANGLICKY	NĚMECKY	RUSKY
usnout*, usnu pf.	fall asleep, I'll fall asleep	einschlafen, ich schlafe ein	уснуть, я усну
ústa	mouth	Mund	рот, губы
utřít*, utřu pf.	to wipe, I'll wipe	ab-,aufwischen, ich wische ab-,auf	вытереть, стереть, я вытру, сотру
uvidět pf.	to see	erblicken, sehen	увидеть
uzdravovat se	to get better, to recover	genesen, gesund werden	выздоравливать
už	already, yet, any more	schon, bereits	уже
v, ve + L, A	in	in	в
válet se	to wallow	sich wälzen	валяться
vám viz vy	to you see vy	euch, Ihnen siehe ihr/Sie	вам см. вы
vařit	to cook, to boil	kochen	готовить, варить
vás viz vy	you see vy	euch/Sie siehe ihr/Sie	вас см. вы
vážený	esteemed	geehrt, angesehen	уважаемый
vážně	seriously	ernsthaft, im Ernst Adv.	серьезно
vběhnout*, vběhnu pf.	to run in, I'll run in	hinein/reinlaufen, ich laufe rein	вбежать, я вбегу
vdova	widow	Witwe	вдова
večer	evening	Abend	вечер
věčný	eternal	ewig	вечный
vědět	to know	wissen	знать
vedle	beside, next to	neben, daneben	возле, рядом
vejít*, vejdu pf.	to go into, I'll go into	hinein/reingehen, ich gehe rein	войти, я войду
velet	to command	befehlen, kommandieren	командовать
Velikonoce	Easter	Ostern	Пасха
velký	big, large	groß	большой
velmi	very	sehr	очень
ven	out	nach draußen, raus	наружу, на улицу
venku	outside	draußen	снаружи, на улице
věrnost	fidelity	Treue	верность
věrný	faithful	treu	верный
věřit	to believe	glauben	верить
veselý	merry, cheerfull	fröhlich, lustig	веселый

adaptovaná česká próza

ČESKY * pf.	ANGLICKY	NĚMECKY	RUSKY
vést*	to lead	führen, leiten	вести, руководить
víc	more	mehr	больше
víckrát	more times	mehrmals	многократно
vidět	to see	sehen	видеть
víko	lid	Deckel	крышка, колпак
vítat	to welcome	begrüßen, willkommen heißen	приветствовать
vítr	wind	Wind	ветер
vlas	hair	Haar	волос
vlastně	actually	eigentlich	собственно
vlevo	on the left	links	налево, влево
vlnit se	to roll, to undulate	Wellen schlagen, wogen	виться, волноваться, колебаться
vltavský	Vltava adj.	Moldau...	влтавский
voda	water	Wasser	вода
volat	to call	rufen	звать
volný	free, loose	frei	свободный
vous	beard	Bart	борода
vpravo	on the right	rechts	направо, вправо
vracet	to return	zurückgeben	возвращать
vrátit pf.	to return	zurückgeben	вернуть
vrčet	to growl, to grumble	knurren, schnurren,	ворчать, огрызаться
vrcholit	to peak, to culminate	gipfeln, kulminieren	кульминировать
vstát*, vstanu pf.	to rise, I'll rise, to get up, I'll get up	aufstehen, ich stehe auf	встать, я встану
však	however	jedoch	однако
všechen/všechna/všechno	all, entire	all, ganz, gesamt	весь/вся, все/всё
všímat si + G	to notice	beachten, bemerken	обращать внимание
všimnout* si, všimnu si + G pf.	to notice, I'll notice	beachten, ich beachte	обратить внимание, я обращу внимание
všude	everywhere	überall	везде, всюду
vtipný	witty, humorous	witzig	остроумный, смешной
vtom	suddenly, at that moment	da, plötzlich	вдруг, в этот момент
vůbec	at all, generally	überhaupt	вообще
vůz	cart, wagon, vehicle,	Wagen	машина

slovníček | Povídky malostranské

ČESKY * pf.	ANGLICKY	NĚMECKY	RUSKY
vy	you pl.	ihr, Sie	вы
vybrat*, vyberu pf.	to choose, I'll choose	auswählen, ich wähle aus	выбрать, я выберу
vyházet pf.	to throw out	rauswerfen, wegwerfen	выбрасывать
vyhlídka	view, vantage point	Aussicht	вид, перспектива, шанс
vyhrknout*, vyhrknu pf.	to blurt out, I blurt out	herausplatzen, ich platze heraus	брызнуть, я брызну
vyhýbat se	to avoid	ausweichen	избегать
vycházet	to go out	rausgehen	выходить
východ	exit, sunrise, east	Osten, Ausgang	выход, восток
vyjít*, vyjdu pf.	to go out, I'll go out	rausgehen, ich gehe raus	выйти, я выйду
vykládaný	inlaid	ausgelegt	инкрустированный, рассказываемый
vykřiknout*, vykřiknu pf.	to cry out, I'll cry out	aufschreien, ich schreie auf	выкрикнуть, я выкрикну
vyndat pf.	to pull out, to take out	rausnehmen	вынуть
vypadat	to appear, to look	aussehen	выглядеть
vypít*, vypiju pf.	to drink up, I'll drink up	austrinken, ich trinke aus	выпить, я выпью
vyprávět, vypravovat	to tell, to narrate	erzählen	рассказывать
vyprosit si pf.	to obtain by begging	etwas erbitten	выпросить
vyskočit pf.	to jump up/out	aufspringen, rausspringen	выпрыгнуть, выскочить
vysoký	tall, high	hoch	высокий
vystoupit pf.	to get out, to alight	aussteigen	выйти, выступить
vyvést*, vyvedu pf.	to lead out, I'll lead out	rausführen, ich führe raus	вывести, натворить, я выведу
význam	meaning	Bedeutung	значение
vzdálenější	more distant	entfernter	более отдаленный
vzdor	defiance	Trotz	упрямство
vzít*, vezmu pf.	to take, I'll take	nehmen, ich nehme	взять, я возьму
vzpomenout* si, vzpomenu si pf.	to remember, I'll remember to recollect, I´ll recollect	sich erinnern, ich erinnere mich	вспомнить, я вспомню

adaptovaná česká próza

ČESKY * pf.	ANGLICKY	NĚMECKY	RUSKY
vzpomínka	memory, recollection	Erinnerung	воспоминание
vždycky	always	immer	всегда
vždyť	after all, but	ja, doch	ведь
z, ze + G	from, out of	aus, von	из
za + A, I	behind, beyond, during	hinter	за
zabít*, zabiju pf.	to kill, I'll kill	töten, ich töte	убить, я убью
začátek	start, beginning	Anfang, Beginn	начало
začínat	to start, to begin	anfangen, beginnen	начинать
začít*, začnu pf.	to start, I'll start, to begin, I'll begin	anfangen, beginnen, ich fange an	начать, я начну
zadívat se pf.	to gaze, to give a steady look	den Blick auf etwas richten, heften	засмотреться
zahrada	garden	Garten	сад
zahradní	garden adj.	Garten...	садовый
zachvět* se, zachvěju se pf.	to tremble, to shake	zittern, ich zittere	задрожать, я задрожу
zajímat se	to be interested	sich interessieren	интересоваться
zajít* si, zajdu si pf.	to go the long way round, I'll go the long way round	einkehren, ich kehre ein, einen Umweg machen, ich mache einen Umweg	зайти, я зайду
zakouřit si pf.	to have a smoke	(ein wenig) rauchen	закурить
založit pf.	to establish	gründen	основать
zápal plic	pneumonia	Lungenentzündung	воспаление легких
zaplatit pf.	to pay	bezahlen	заплатить
záplava	flood	Flut	наводнение, наплыв
zapraskat pf.	to creak	zuschlagen, knallen	затрещать, хрустнуть
zářit	to shine	leuchten, strahlen	сиять
zase	again	wieder	снова
zasloužit si	to deserve	sich etwas verdienen	заслужить
zastavit se pf.	to stop	stehen, bleiben	остановиться
zavelet pf.	to command	befehlen, kommandieren	повелеть

slovníček | Povídky malostranské

ČESKY * pf.	ANGLICKY	NĚMECKY	RUSKY
závěr	conclusion	Schluss, Ende	заключение
zavolat pf.	to call	rufen	позвать, позвонить
zaznít pf.	to sound	erklingen	зазвучать
zázračný	miraculous	Wunder..., wunderbar	волшебный, чудесный
zbýt*, zbudu/zbydu pf.	to remain, I'll remain	übrig bleiben, ich bleibe übrig	остаться, я останусь
zdáli	from afar	aus der Ferne	издалека
zdát se	to seem, to appear, to have a dream	scheinen	казаться
zděšení	fright, dismay	Entsetzen	ужас, испуг
zdráv	healthy	gesund	здоров
zdravě	healthily	gesund Adv.	здорóво
zdravit	to greet	grüßen	здороваться, приветствовать
zdravý	healthy	gesund	здоровый
zdrcený	miserable, wretched, desolate	niedergeschlagen	смятый, потрясенный
zeď	wall	Mauer	стена
zelený	green	grün	зеленый
zem	ground, land, country, earth	Erde, Erdboden	земля
země	land, country, earth	Erde, Land	страна
zemřít, zemřu pf.	to die, I'll die	sterben	умереть
zeptat se pf. + G	to ask	fragen	спросить
zesmutnět pf.	to become sad	traurig werden	погрустнеть
zima	cold, winter	Winter, Kälte, kalt	зима, холодно
zlatka	golden coin	Gulden	флорин
zlatý	gold, golden	golden Geldstück	золотая монета
zlodějka	female thief	Diebin	воровка
zlost	anger, rage	Zorn, Wut	злость
zlotřilý	wicked, villainous	lasterhaft, böse	злонамеренный, преступный
zlý	evil, bad	böse, schlimm	плохой, злой
změnit si pf.	to change	etwas ändern	изменить(ся), превратиться
zmizet pf.	to disappear	verschwinden	исчезнуть
zmrzlý	frozen	ge-erfroren	замерзший
znamení	sign	Zeichen	знамение
známý	acquaintance	Bekannter	знакомый

90 adaptovaná česká próza

ČESKY * pf.	ANGLICKY	NĚMECKY	RUSKY
znát	to know	kennen	знать
znovu	again	wieder, erneut	снова
zobrazovat	to depict	abbilden	изображать
zpátky	back	zurück	назад
zpráva	message, news	Nachricht	сообщение
zrána	in the morning	frühmorgens	утром, с утра
zrovna	just, right now	gerade, ausgerechnet	как раз
zub	tooth	Zahn	зуб
zůstat*, zůstanu pf.	to remain, I'll remain, to stay, I'll stay	bleiben, ich bleibe	остаться, я останусь
zvedat	to lift	heben	поднимать
zvednout*, zvednu pf.	to lift, I'll lift	heben, ich hebe	поднять, я подниму
zvláštní	special, strange, peculiar	Extra..., Sonder..., seltsam	особенный, специальный
zvyknout* si, zvyknu si pf.	to get used to, I'll get used to	sich gewöhnen, ich gewöhne mich	привыкнуть, я привыкну
žába	frog	Frosch	лягушка, девчушка
žádný	no, none	kein	никакой
žánrový	genre adj.	Genre...	жанровый
že	that	dass	что
žebračka	female beggar	Bettlerin	попрошайка ж. род
žebrák	male beggar	Bettler	попрошайка м. род
žebrat	to beg	betteln	попрошайничать
žena	woman	Frau	жена, женщина
ženit se	to marry, to get married only men	heiraten Mann	жениться
ženská	coll. woman	Frauenzimmer, Weib	женщина
ženský	female, feminine adj.	weiblich	женский
žít*, žiju	to live, I live	leben, ich lebe	жить, я живу
život	life	Leben	жизнь
živý	living, alive	lebend, lebendig	живой
žlutozelený	yellow-green	gelbgrün	желто-зеленый

slovníček | Povídky malostranské

Klíč

U tří lilií
Cv. 3
1. byla letní noc
2. blízko hřbitova
3. tancovali
4. černé vlasy
5. na čtvrt hodiny
6. její matka umřela
7. ven 8. vrcholila
Cv. 4
1. B, 2. F, 3. A, 4. C,
5. G, 6. E, 7. D, 8. I, 9. J
Cv. 6
1. krásná dívka
2. starší kamarád
3. její sestra 4. krásná dívka 5. její sestra
6. starší kamarádka
7. krásná dívka
Cv. 7
1. D, 2. F, 3. B, 4. G,
5. A, 6. C, 7. E
Cv. 8
oblékat se/obléknout se, pomáhat/pomoct, dívat se/podívat se, upravovat si/upravit si, umírat/umřít, slyšet/uslyšet, pít/vypít, šílet/zešílet
Cv.9
1. jsem, šílel 2. jsem se díval 3. se oblékla 4. upravovala si 5. pomáhala 6. jsem uslyšel 7. umřela
8. vypít

Pan Ryšánek a pan Schlegl
Cv. 2
1. NE, 2. NE, 3. ANO, 4. ANO, 5. NE, 6. NE, 7. NE, 8, NE, 9. ANO, 10. ANO
Cv. 4
1. hostinský 2. pan Ryšánek 3. pan Ryšánek 4. hostinský
5. pan Schlegl 6. pan Ryšánek 7. hostinský
8. pan Schlegl 9. pan Ryšánek 10. hostinský
Cv. 5
1. od 2. do 3. u 4. u
5. na 6. mezi 7. na
8 o 9. o 10. o 11. kvůli 12. po 13. po
Cv. 6
uzdravovat se/uzdravit se, setkávat se/setkat se, přecházet/přejít, odcházet/odejít, brát si/vzít si, objednávat si/objednat si, podávat/podat, potkávat/potkat
Cv. 7
1. si vezme
2. odejít
3. objednal si
4. přecházel
5. se, uzdravoval
6. potkávat
7. podával
8 se setkali
Cv. 8
1. 4. pád = akuzativ, pan Ryšánek
2. 3. pád = dativ, pan Schlegl
3. 2. pád = genitiv, nejlepší malostranské restaurace
4. 2. pád = genitiv, červen
5. 4. pád = akuzativ, tabáček
6. 2. pád = genitiv, penzisté, staří domácí páni
7. 4. pád = akuzativ, hlava
8. 2. pád = genitiv, třetí stůl

| Povídky malostranské

Cv. 9
2. Promiň, omlouvám se. 5. Už se to nestane. 7. Mrzí mě to. 9. Asi to byla taky moje chyba.

O měkkém srdci paní Rusky
Cv. 2
1. nebyl 2. středního věku 3. německy 4. manželku pana Velše 5. protivná 6. pomlouvala 7. bratr pana Uhmühla 8. protože pomlouvala mrtvého 9. nesmí 10. se přestěhovala na jiné místo
Cv. 4
1. obchodník 2. zlodějka 3. služka 4. padesátnice 5. sousedka 6. čarodějnice
Cv. 5
1. D, 2. J, 3. H, 4. G, 5. C, 6. F, 7. I, 8. A, 9. E, 10. B
Cv. 6
1. D, 2. G, 3. H, 4. B, 5. A, 6. F, 7. C
Cv. 7
1. když 2. když 3. že 4. ale 5. jak 6. aby 7. jak 8. kdyby 9. kdyby
Cv.8
1. ulici 2. komisařem 3. nesmíte 4. vyšla 5. kolegovi 6. nemohla 7. náladu 8. si pronajala 9. brány 10. vždycky

Doktor Kazisvět
Cv. 4
1. neměl 2. svítilo 3. slušely 4. ženit 5. vykřikl 6. ptal se 7. vystoupit 8. odnesli 9. neodpovídal 10. spadlo
Cv. 5
1. F, 2. E, 3. G, 4. C, 5. A, 6. D, 7. B
Cv. 6
1. pan Kejřík 2. synovec pana Schepelera 3. doktor Link 4. pan Kejřík 5. synovec pana Schepelera 6. synovec pana Schepelera 7. doktor Heribert 8. doktor Link 9. pan Kejřík
Cv. 7
vracet se/vrátit se, dostávat/dostat, dostávat se/dostat se, brát/vzít, odnášet/odnést, litovat/politovat, zastavovat se/zastavit se, zdravit/pozdravit
Cv. 8
1. se dostala 2. Odnesli 3. Vracel se 4. dostane 5. zdravili 6. nebral 7. litovali 8. se, zastavil
Cv. 9
1. po 2. na 3. na 4. o 5. o 6. po 7. k 8. s 9. z 10. o 11. od 12. na 13. z

Přivedla žebráka na mizinu
Cv. 2
1. Pan Vojtíšek žebral na Malé Straně. 2. Byl oblíbený a lidé mu dávali jídlo a nějaké drobné. 3. Jednou v létě potkal žebračku, které se říkalo „bába miliónová". 4. Žebračka mu navrhla, aby žili spolu. 5. Pan Vojtíšek jí řekl, že by raději vypil jed. 6. Žebračka se rozzlobila a pomluvila ho. 7. Řekla o něm, že je velmi bohatý a má dva domy. 8. Lidé přestali panu Vojtíškovi dávat jídlo a peníze. 9. Matka dala panu Vojtíškovi chleba a kávu. 10. Pan Vojtíšek nemohl jíst, protože byl zoufalý. 11. V únoru ho našli zmrzlého.

Cv. 3
1. D, 2. B, 3. F, 4. C, 5. A, 6. E

Cv. 5
1. C, 2. H, 3. D, 4. F, 5. A, 6. G, 7. E, 8. B

Cv. 6
1. obyčejný 2. čistě 3. slušně 4. panem policajtem 5. Všude 6. šel 7. teplé polévky 8. kostela 9. kostela 10. které 11. vám 12. byla

Cv. 7
1. do 2. ke, na 3. z, v 4. od, z, na 5. po 6. z 7. pro 8. beze, na 9. na 10. na, v

Cv. 8
slibovat/slíbit, začínat/začít, potkávat/potkat, oblékat se/obléknout se, dávat/dát, vycházet/vyjít, usínat/usnout, polykat/polknout, věřit/uvěřit, myslet si/pomyslet si

Cv. 9
1. Oblékal se 2. si pomyslete 3. dávaly 4. vyšel 5. slibovaly 6. usnula 7. věřily 8. začaly 9. polknout 10. potkal jsem

Hastrman
Cv. 3
1. cop 2. drahý 3. ve velké černé skříni 4. po obědě 5. tmavý a těžký 6. tři zlaté 7. nehvízdl 8. hučely 9. hodil 10. měkkým, ale pevným 11. bez otce

Cv. 4
1. D, 2. F, 3. H, 4. E, 5. G, 6. C, 7. I, 8. A. 9. B

Cv. 6
1. Pořád se usmíval a když mluvil, vždycky začínal komickým hvízdnutím: „Djó…" 2. Lidé se za ním otáčeli. 3. „Jde se někam chlubit, jak je bohatý," hádal pan Herzl z hospody v domě U Dvou slunců. 4. Nevšímal si nikoho, nehvízdl ani jednou. 5. Blížila se půlnoc. 6. Pak se obrátil od okna. 7. Pan Rybář si dneska ani nevzpomněl, že je tam skleník 8. Ústa mu zachvěla, v očích cítil nevýslovný tlak.

Cv. 7
1. 7. pád = instrumentál, komické hvízdnutí
2. 2. pád = genitiv, město
3. 2. pád = genitiv, drahé kameny
4. 7. pád = instrumentál, bílý samet
5. 7. pád = instrumstrumentál, Ostruhová ulice
6. 6. pád = lokál, roh
7. 4. pád = akuzativ, stůl
8. 3. pád = dativ, my
9. 4. pád = akuzativ, široká střecha
10. 2. pád = genitiv, otec

Cv. 8
obracet se/obrátit se, otáčet se/otočit se, vyndávat/vyndat, slyšet/uslyšet, vcházet/vejít, blížit se/přiblížit se, prodávat/prodat, chlubit se/pochlubit se, scházet/sejít, přecházet/přejít

Cv. 9
1. se, otáčeli 2. se, chlubit 3. prodávat 4. sešel, přešel, vešel 5. Blížila se 6. se obrátil 7. vyndal

| Povídky malostranské

Seznam fotografií:

obálka, str. 5 – Dům U Dvou slunců, kolem roku 1900 (Muzeum hlavního města Prahy)

str. 2 – Jan Neruda, portrét (Památník národního písemnictví, literární archiv)

str. 8 – Pohled z Úvozu směrem k Nerudově ulici, František Fridrich, kolem r. 1880 (Muzeum hlavního města Prahy)

str. 9 – Hospoda na Malé Straně, anonym (Muzeum hlavního města Prahy)

str. 13 – Újezdská brána, kolem roku 1890 (Kateřina Bečková: Zmizelá Praha: Hradčany a Malá Strana. Nakladatelství Schola ludus – Pragensia, Praha 2000/, s. 169)

str. 17 – Malostranský hřbitov, anonym, kolem roku 1910 (Muzeum hlavního města Prahy)

str. 21 – Kostel svatého Mikuláše, František Fridrich, kolem roku 1867 (Muzeum hlavního města Prahy)

str. 25 – Malostranské střechy a kostel svatého Mikuláše, kolem roku 1860 (Muzeum hlavního města Prahy)

str. 29 –30 – Domovní znamení (Lydia Petráňová: Domovní znamení staré Prahy. Panorama, Praha 1988)

Obsah

O autorovi 5
U Tří lilií 7
Pan Ryšánek a pan Schlegl 9
O měkkém srdci paní Rusky 13
Doktor Kazisvět 17
Přivedla žebráka na mizinu 21
Hastrman 25
O domovních znameních 29

Cvičení 31
Slovníček 55
Klíč 93
Seznam fotografií 96

PŘIPRAVUJEME:
Lída Holá
■ Pohádky

Další publikace z edice Adaptovaná česká próza, určené studentům češtiny jako cizího jazyka, přináší tradiční pohádky české i zahraniční provenience. Kratší pohádky O veliké řepě, O kohoutkovi a slepičce, Tři prasátka, O perníkové chaloupce a Červená Karkulka, i klasické příběhy, jako jsou Popelka, Sněhurka, Šípková Růženka, O dvanácti měsíčkách nebo Princ Bajaja, představují vhodnou, nenáročnou četbu nejen pro děti, ale i pro dospělé studenty češtiny. Každou z dvanácti pohádek doprovázejí názorné ilustrace, které přibližují děj a podstatně napomáhají procvičení a osvojení slovní zásoby. Publikace obsahuje soubor gramaticko-lexikálních cvičení ke každému textu, česko-anglicko-německo-ruský slovníček a klíč ke cvičením. Součástí svazku je i audio CD s kompletní nahrávkou textů. Kniha je určena studentům češtiny jako cizího jazyka na úrovni A2..

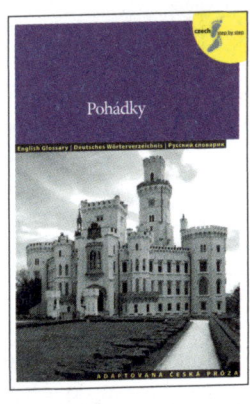

VYDÁNO:

Lída Holá

■ Pražské legendy

Pražské legendy vycházejí v edici Adaptovaná česká próza, určené studentům češtiny jako cizího jazyka. Tuto publikaci mohou využívat studující na úrovni A2. V deseti legendách spojených se známými pražskými lokalitami se seznámí s humornými, magickými, strašidelnými i tragickými příběhy, tradujícími se v Praze po celá staletí. Svazek obsahuje nejen známé legendy, jako např. o Golemovi, o Loretě či o mistru staroměstského orloje Hanušovi, ale i ty méně známé, jako je třeba pověst o čertech v Emauzích nebo příběh o původu válečků, které zdobí okno na Kampě u Karlova mostu. Pražské legendy se tak stávají i netradičním průvodcem po Praze a svědectvím o její minulosti. Publikace obsahuje názorné ilustrace a fotografie míst, ke kterým se legendy váží. Její součástí je anglický, německý a ruský slovníček a množství lexikálních a gramatických cvičení s klíčem. Přílohou je audio CD s kompletní nahrávkou knihy.

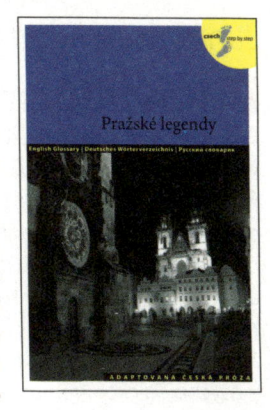

Brož. – flexovazba, 84 stran, cena 225 Kč, ISBN 978-80-87481-51-6

Lída Holá

■ Staré pověsti české a moravské

Staré pověsti české a moravské jsou dalším svazkem edice Adaptovaná česká próza. Jsou určené studentům češtiny jako cizího jazyka na úrovni A2. V deseti pověstech jsou představena nejslavnější jména a události české národní mytologie a historie: praotec Čech, Libuše a Přemysl, Libušina věštba, Horymír se svým věrným koněm Šemíkem, dívčí válka, kníže Václav, král Ječmínek a další. Studenti tak mají možnost seznámit se s postavami, ději a výroky, o kterých lze říct, že tvoří základ národního a historického povědomí každého Čecha. Svazek doprovázejí názorné ilustrace a fotografie míst, ke kterým se české a moravské pověsti váží. Dále obsahuje soubor gramaticko-lexikálních cvičení ke každému textu, česko-anglicko-německo-ruský slovníček a klíč ke cvičením. Obsahuje také anglický, německý a ruský slovníček a nabízí množství lexikálních a gramatických cvičení s klíčem. Součástí svazku je i audio CD s kompletní nahrávkou knihy. Publikace je určena studentům češtiny jako cizího jazyka na úrovni B1.

Brož. – flexovazba, 96 stran, cena 225 Kč

Jan Neruda – Lída Holá

■ Povídky malostranské

Populární Povídky malostranské známého českého autora Jana Nerudy vycházejí v rámci řady Adaptované české prózy určené studentům češtiny jako cizího jazyka. Adaptované Nerudovy povídky již vyšly v několika dotiscích, nyní se objevují v nové, přehlednější grafické podobě. Básník, prozaik a novinář Jan Neruda (1834–1891) patří k nejznámějším českým autorům devatenáctého století. Jeho jméno nese jedna z ulic u Pražského hradu, kde se v domě U Dvou sluncůnarodil. Neruda prožil v Praze celý život a s tímto městem je spojené i jeho dílo. Jeho povídky s jemnou ironií a psychologickou věrností představují lidi a lidičky z pražské Malé Strany. Díky nim máme možnost objevovat zapomenuté kouzlo starého světa, ale i nadčasové portréty lidských charakterů. Publikace přináší stručný medailon Jana Nerudy, šest jeho adaptovaných povídek a krátkou informaci o domovních znameních staré Prahy. Dále obsahuje soubor gramaticko-lexikálních cvičení ke každému textu, česko-anglicko-německo-ruský slovníček a klíč ke cvičením. Součástí svazku je i audio CD s kompletní nahrávkou knihy. Kniha je určena pro úroveň B1, tedy pro středně a více pokročilé studenty. Brož. – flexovazba, 100 stran, cena 225 Kč